GÜTERSLOHER
VERLAGSHAUS

Entdecken Sie mehr auf
www.gtvh.de

Thomas Weiß

Kann's auch etwas mehr sein?

Sonntagsgedanken

Gütersloher Verlagshaus

Bibliografische Information der Deutschen Nationalbibliothek
Die Deutsche Nationalbibliothek verzeichnet diese Publikation
in der Deutschen Nationalbibliografie; detaillierte bibliografische
Daten sind im Internet über https://portal.dnb.de abrufbar.

Verlagsgruppe Random House FSC-DEU-0100
Das für dieses Buch verwendete FSC-zertifizierte Papier
EOS liefert Salzer Papier, St. Pölten, Austria.

1. Auflage
Copyright © 2013 by Gütersloher Verlagshaus, Gütersloh,
in der Verlagsgruppe Random House GmbH, München

Umschlagmotiv: © Ocean – Corbis.com
Druck und Einband: CPI Moravia Books, Korneuburg
Printed in Czech Republic
ISBN 978-3-579-06187-0

www.gtvh.de

Inhalt

Bei Gelegenheit

Übers Jahr

Zufall
Ein Vorwort

Glauben Sie an Zufälle? Ich schon, und zwar ganz entschieden! Denn es ist mir schon viel zugefallen, das mich leben lehrte, das den Glauben vertiefte und weit machte, das mich herausforderte und wachsen ließ. Und manches, das mir einfach Freude bereitete, ganz unumwunden, ohne Abstriche. Das Verfassen der »Gedanken zum Sonntag« für das Badische Tagblatt zum Beispiel. Seit knapp fünf Jahren schreibe ich alle vierzehn Tage in der Sonntagsausgabe dieser mittelbadischen Tageszeitung eine geistliche Kolumne.

Das kam so: Wie ich es zu tun pflege, ging ich samstags morgens zum Bäcker um die Ecke, um Frühstücksbrötchen zu kaufen (vier Laugen, drei Mehrkornstangen, zwei Spitzweck, ein Mohnbrötchen oder ein Krusti – natürlich für die ganze Familie). Da sprach mich einer an, der mir schon irgendwie bekannt vorkam: »Hallo Thomas, kennst du mich noch?« Er ließ mich nicht lange in Verlegenheit. »Ich bin's, der Markus, wir haben zusammen Abitur gemacht!« (Das muss vor knapp hundert Jahren gewesen sein!) – »Ah ja, stimmt, jetzt, wo du's sagst.«– »Und, wie geht's?« – »Gut, ich bin jetzt der Pfarrer hier.« (Was ja über die eigene Befindlichkeit eigentlich keine Aussage ist, aber doch meist positiv rüberkommt). – »Ich weiß. Und ich schaff' beim Badischen Tagblatt. Du, sag mal, hättest du nicht Lust, für uns zu schreiben?« Na ja, und das hatte ich dann auch.

Aus der Begegnung beim Brötchenholen wurde eine verlässliche Zusammenarbeit. Es war reiner Zufall – und ich bin sicher, Gott hat es mir zufallen lassen. Denn die »Gedanken zum Sonntag«, die mein katholischer Kollege und ich im wöchentlichen Wechsel im »WO«, der Sonntagszeitung des Badischen Tagblattes, schreiben, machen Spaß, sind eine Lust und haben eine sehr große Leserschaft und eine enorme Resonanz.

»Gedanken zum Sonntag« sind es, aber sie zielen, wie der Sonntagsgottesdienst mit seiner Predigt auch, auf den Alltag, auf das kleine Glück und die große Herausforderung, aufs tägliche Einerlei und Allerlei, auf Handeln und Wandeln jeden Tag. Es sind keine wohlfeilen »Sonntagsreden« – indem Gott auch nicht nur für den Sonntag taugt. Die Gedanken knüpfen an alltägliche Erfahrungen an, nehmen die Normalitäten und Untiefen des Alltags in den Blick (und manchmal auch ein wenig aufs Korn). Denn gerade in ihnen erweist sich, ob Gott ein lebendiger, ein begleitender, ein mitgehender Gott ist – ein alltagstauglicher Gott.

Den brauchen wir nämlich (also: Ich brauche ihn jedenfalls und ich unterstelle, es geht vielen Leserinnen und Lesern so; der Leserschaft der »Gedanken zum Sonntag« gewiss, der dieses Büchleins vielleicht auch): Einen Gott, der mir die Tiefe meines Lebens mitten am Tag erschließt, der mich schauen lehrt, was er an Geschenken und Schönheiten verteilt hat auf meinem

Weg. Einen ermutigenden Gott, einen, der trägt, und einen, der mich herausfordert ab und zu.

Darum knüpfen diese Gedanken am Alltäglichen an. In drei Kapiteln lesen Sie davon: »So Sachen« haben die Dinge des Alltags im Blick, die ich gewohnt bin und die doch Geheimnisse erschließen, die durchscheinend werden können und einen Blick freigeben auf Gott. »Bei Gelegenheit« erzählt von den Begebenheiten und Gelegenheiten, denen ich meist nicht viel Bedeutung zumesse – und die doch auf Gott verweisen, die doch ermutigen. Und »Übers Jahr« schaut nach den Jahreszeiten und dem Kirchenjahr, um den Gott zu entdecken, der »die Zeit in Händen hat«.

Sie können dieses Büchlein als kleinen, persönlichen Wegbegleiter, Augenöffner, Hinweisgeber lesen. Oder es verwenden, wenn Sie für eine Gruppe oder zu irgendeiner gemeindlichen Gelegenheit einen spirituellen Impuls suchen. Jeder Gedanke schließt mit einem kurzen, persönlichen Gebet, in das Sie einstimmen oder Ihr eigenes finden können. Ein Stichwortregister und ein Register der Bibelstellen, die zitiert werden oder den Hintergrund eines Gedankens bilden, hilft Ihnen, wenn Sie auf der Suche sind – für sich selbst, für andere.

Die Gedanken vom »alltagstauglichen Gott« kommen recht spontan daher, erzählen von meinen kleinen Entdeckungen, von den Überraschungen, die Gott uns bereitet. Das Alt-Vertraute und das von alters her Tragfähige wird neu gesagt, in persönlicher Sprache.

Lassen Sie sich, wenn Sie mögen, ebenso persönlich hineinnehmen in den Alltag mit Gott, der Ihnen persönlich nahe ist.

Mein Dank gilt den Redakteuren des Badischen Tagblatts, Markus Mack und Thomas Riedinger, die sich die »Gedanken zum Sonntag« zum Anliegen gemacht haben, und dem katholischen Co-Autoren Nikolaus Wisser, dessen Beiträge ich schätze – und nicht zuletzt und vor allem den Leserinnen und Lesern der »Gedanken zum Sonntag«, die eine Buchausgabe immer wieder nachgefragt haben.

Ich glaube an Zufälle. Möge Gott Ihnen zufallen lassen, dass Sie, angeregt durch dieses Büchlein, ermutigt und gelassen, fröhlich und neugierig durch Ihre Tage gehen.

Baden-Baden, im Winter 2012

So Sachen

Kann's auch etwas mehr sein?

Eigentlich nervt es ja. An der Wurst- und Käsetheke werd ich das oft gefragt: Die freundliche Verkäuferin packt noch zwei Scheiben drauf (dabei sollten's wirklich genau 150 Gramm Lyoner sein) und schaut mich mit runden Augen, mit gewinnendem Lächeln an: »Kann's auch etwas mehr sein?« Oder beim Bäcker: Statt: »Zwei Euro vierzig, vielen Dank und schönen Tag« hör ich: »Darf's noch was sein? Kann ich noch was für Sie tun?« Dabei hab ich an der Ecke Gouda und dem Misch-Mehr-Schrot-und-Korn-Brot einfach genug. Ich will nicht mehr. Wahrscheinlich müssen sie ja so fragen, die Metzger, Bäcker und Verkäuferinnen, der Verkaufszahlen wegen. Nervt aber schon, ein bisschen.

Ab und zu denk ich gleichwohl, ich sollte mich auch mal so fragen – des Mehrwertes wegen.

Kann's auch etwas mehr sein? Mehr Leben, mehr Lebendigkeit, mehr Lächeln und Lachen und etwas mehr Glück dazwischen? Ein bisschen mehr Leichtigkeit, ein oder zwei Tanzschritte, Freiheit fürs Spielbein – und etwas mehr Standhaftigkeit, wenn es drum geht, wahrhaftig zu sein, einzustehen für jemanden. Und ein bisschen mehr Hoffnung, dass sich die Dinge ändern lassen, die mich bedrängen, und dass das Leben Sinn hat – weit über den Tod hinaus. Weil Leben mehr wert ist als Resignation und Müdigkeit.

Dürfte es schon, es dürfte schon etwas mehr sein.

Weil wir ja leiden an den festbetonierten Verhältnissen, an der Lüge und der Missgunst; weil zu wenig Leben uns traurig macht, zu wenig Freiheit uns den Atem nimmt; weil uns die, die ihr Fähnchen nach dem Wind hängen, auf die Nerven gehen und weil auf diese Weise kein Vertrauen wächst zwischen den Menschen (das brauchen wir aber).

Es darf ein bisschen mehr sein. Aber woher soll es denn kommen? Lebensmehrwert-Verkäufer gibt es in den Supermärkten noch nicht (und denen würden wir auch nicht über den Weg trauen), Lebenssinn ist nicht im Angebot. Kann ich nicht kaufen.

Aber schenken, schenken lassen kann ich ihn mir. Ein bisschen mehr – nein, viel mehr, Leben die Fülle. Gott bietet es an, völlig kostenlos. Es braucht nur ein wenig Neugierde und ein bisschen mehr Aufmerksamkeit für das, was er bereithält, was er – mit gewinnendem Lächeln – über die Theke reicht. Jeden Tag, alltäglich.

Versuchen Sie es mal, Gottes Mehrwert an Leben ist »für umme« – und kein billiges Schnäppchen.

Hilf mir, mein Gott, auszukosten, was du mir schenkst, den Reichtum zu entdecken, den du mir bietest. Aufmerksam will ich sein und meine Hände auftun, damit du hineintun kannst, was du austeilst. Amen

Ein Freundebuch

Von der Klara in der 2. Klasse hab ich ein Freundebuch bekommen, zum Ausfüllen und mich drin Verewigen. Das ist eine Ehre! Früher gab es diese Poesiealben; ich hatte natürlich keines – ich war ja ein Kerl. Aber ab und zu musste ich doch mal einen altklugen Spruch, den ich nicht wirklich verstand, auf rosafarbene Seiten schreiben.

Da gefällt mir das Freundebuch heutzutage besser; da geht es um den Menschen selbst, der da schreibt und sich vorstellt. Das ist viel persönlicher – auch wenn ich bei mancher Frage etwas ratlos bin. Lieblingsmusiker? So viel sagt Johann Sebastian Bach den Mädels und Jungs in diesem Alter noch nicht. Und mein Lieblingsbuch wird vielleicht mal Sternchenthema im Abitur (Th. Mann, Doktor Faustus). Und das eine oder andere, was das Freundebuch von mir wissen will, ist etwas indiskret: Gewicht? Antwort: etwas mehr als nötig (ausweichend, aber korrekt). Größter Wunsch? Na, wenn's mal nur einer wäre!

Aber trotzdem: Ein Freundebuch drückt Freundschaft aus. Es ist eine Ehre, wenn ein Schüler, eine Schülerin ihren Relilehrer so schätzt, dass er sich ins Freundebuch eintragen darf.

Ein anderes Freundebuch hab ich schon lange, und – als Pfarrer – sogar in mehreren Ausgaben: die Bibel. Die ist das Freundebuch, das Gott für uns angelegt hat.

Da stellt er sich vor (auf den letzten und ersten Seiten eines Freundebuchs tun das seine Besitzer nämlich immer), nennt seine Hobbys (Wandeln im Paradies in der Abendkühle zum Beispiel, oder sich freuen an der Schöpfung), seinen Beruf (Schöpfer und Erhalter), sein Alter (ewig) und seine Leidenschaft (Menschen lieben). Bei der Frage nach Größe und Gewicht(igkeit) ist er genauso zurückhaltend wie andere, und ein Foto im Profil hat er auch noch nicht eingeklebt. Er hat es nämlich ganz gern, wenn es noch ein paar Geheimnisse gibt, die uns neugierig machen. So bleibt Gottes Freundebuch eine spannende Lektüre.

Aber: Wo ist denn der Platz, da wir uns eintragen könnten? Wo sind die leeren Seiten, auf denen wir Fragen zu beantworten haben, Fragen nach dem, was uns beschäftigt und umtreibt, was uns prägt und wachsen lässt, was uns verletzt und schmerzt? Leere Seiten hat die Bibel keine, aber ich habe Platz darin zwischen den Zeilen. In den Menschengeschichten, die erzählt werden, komme ich mit meiner menschlichen Geschichte, ihren Unwägbarkeiten und Träumen, auch vor. Und in den Gottesgeschichten begegne ich einem, der mir zusagt: Hier, bei mir, ist Raum für dich, hier kannst du dich entfalten, hier findest du Zuflucht, hier bist du zuhaus. Die Fragen, die mein Leben mir stellt, werden in Gottes Freundebuch verhandelt.

Und das Beste: Er drückt es mir in die Hand, weil er mich hoch schätzt, weil ich sein Freund bin (und er meiner) – schon lange!

Gott, mein Freund, gib mir einen neuen Blick auf diese altvertraute Bibel. Ich will sie neu entdecken. Gib mir offene Ohren und ein neugieriges Herz, damit ich mich wieder überraschen lasse. Amen

In der Werkstatt

Ich hab 'ne Schramme im Auto – ach, was sag ich: »Schramme«? Ein richtiger Kratzer ist das, tief im Lack bis auf die Grundierung. Aber ich kann gar nichts dafür, ehrlich! Das muss das Erdbeben im Oberrheingraben gewesen sein, oder der Betonpfeiler vom Zaun hat sich bewegt, von alleine, so was hat man ja schon gehört. Es gibt Dinge zwischen Himmel und Erde ... da staunen Sie bloß!

Ich hab nicht nur gestaunt, ich hab mich auch sehr, sehr geärgert. Heidenblitz, das schöne Auto! Und was das wieder kosten wird! Jetzt muss ich in die Lackiererei und Zeit und Geld drangeben. Ach Mensch!

Ja, Mensch. Als Mensch hab ich auch meine Schrammen und Kratzer, meine Risse und Wunden. Kommt vor: Ganz schnell ist der Lack ab, tiefe Schnitte, bis auf den Grund. Und die ärgern nicht nur, die tun bisweilen richtig weh. Manchmal füg ich mir die selber zu, wenn ich mir selber das Leben schwer mache, Entscheidungen vermeide oder nicht eintrete für das, was mir wichtig ist; aber oft kann ich wirklich nichts dafür. Da werde ich von anderen verletzt, geschnitten, weggestoßen – und immer bleiben blaue Flecken oder gar Narben zurück. Die kosten auch was, kosten Lebenskraft, Lebensmut, Lebenszeit. Die machen ängstlich und müde. Und weit und breit keine Lackiererei, die die Risse und Schrammen heilen könnte – oder wenigstens zukleistern und übermalen, damit ich sie nicht immer sehen muss.

Nein, keine Lackiererei, aber es gibt da einen anderen Handwerksmeister – den Handwerksmeister der Zuwendung. Achten Sie mal auf Jesu Hände! Wenn Sie Zeit (und nicht gerade einen anderen Werkstatttermin) haben, lesen Sie es doch mal nach: Jesus wandte sich den Menschen geschickt und »handgreiflich« zu: Er strich den Kindern übers Haar, er nahm die Bettler beim Arm und legte dem Blinden die Finger auf die Augen. Er berührte und ließ sich berühren – und heilte dabei, heilte Wunden, Narben, Verletzungen, Risse durch Seelen und Leiber, die das Leben schlug. Die Handwerkstatt dieses Meisters ist geöffnet, heute noch und rund um die Uhr – und Reparaturen kosten nichts!

Bitte heile mich, mein Gott, von den Verletzungen, die mich bitter gemacht haben, und von der Angst, wieder getroffen zu werden. Deinen guten Händen vertraue ich mich an. Amen

Gepäckträger

Gut, einen zu haben – der entlastet. Hinten drauf kann ich eine Menge transportieren: den Schulranzen und den Einkaufskorb, und wenn ich noch Satteltaschen dazuhänge, können es sogar Wochenrationen und Zelte sein.

Gut, einen Gepäckträger zu haben!

Wenn's den doch auch fürs echte Leben gäbe! Dass da manches Päckchen zu schleppen ist und manches Kreuz zu tragen, das wissen wir, das ist eine menschliche Erfahrung: Die Sorge um die Kinder macht uns die Träume schwer in der Nacht; die Angst vor der Krankheit belastet; der Streit macht müde, das Misstrauen nimmt alle Kraft. Da gibt es vieles, was uns so beansprucht, dass es uns den Atem raubt. Dann schleppen wir uns eher durch unsere Tage, als dass wir aufrecht gehen und frei.

Die Last nimmt uns den Lebensmut und die Lebenslust.

Dann fehlt mir auch der Sinn für die schöne Ausfahrt, für die beglückende Wanderung an den Flüssen entlang, über die herrlichen Ebenen, beeindruckende Berge hinauf. Geht mir der Atem schwer vom Tragen, drücken Lasten mich nieder, dann hab ich keinen Blick mehr für das Schöne, das das Leben mir Tag für Tag bietet.

Dann muss ein Gepäckträger her – und es gibt ja einen. »All eure Sorge werft auf Gott, denn er sorgt für euch«, sagt Petrus einmal. Für das, was mir zu schwer ist, gibt es einen Ort zum Abladen. Bei Gott werde ich los, was mich am Leben hindert, was mich bedrängt und belastet, was mir die Kraft raubt.

»Ich trage, was du nicht bewältigst, und ich trage dich gleich mit«, verspricht Gott.

Unterschiede gibt es aber dann doch zum herkömmlichen Gepäckträger!

Auf meinem Fahrrad muss ich, wenn ich es belade, doch alles selber schleppen. Ich trage es nicht auf dem Rücken, aber es geht doch in die Beine. Was ich in Gottes Hand lege, das belastet mich nicht mehr.

Und: Jeder Gepäckträger am Rad hat seine Grenze. Belade ich ihn zu sehr, dann riskiere ich einen Rahmenbruch. Tatsächlich – lege ich mir selbst zu viel an Sorge, an Angst und Verantwortung auf, dann laufe ich Gefahr, daran zu zerbrechen. Der göttliche Gepäckträger kennt keine Belastungsgrenzen. Der hält jedem Druck stand und jedem Sturz.

Auf den kann ich mich verlassen.

Dann tun wir es doch! Der Gepäckträger Gott lädt uns ein, es mit ihm zu probieren. Wir werden überzeugt sein am Ende.

Meine Sorgen gebe ich hiermit ab, Gott, ich lege sie in deine Hand; ich lasse die Lasten vom Rücken fallen, bitte trag du sie ein Stück. Du hast es mir zugesagt, und ich brauche ein bisschen Luft zum Atmen. Amen

Bitte lächeln

Ich brauch mal eine neue: eine Dienstkamera. So einen einfach zu handhabenden Fotoapparat (einen idiotensicheren!), damit ich bei der einen oder anderen Veranstaltung, bei diesem oder jenem gemeindlichen Event Bilder machen kann, für den Gemeindebrief, fürs Archiv, zur Erinnerung. Ich brauch mal eine neue – aber das ist gar nicht so leicht. Die einen sind zu teuer, die anderen lösen sich schon beim Betrachten in ihre Bestandteile auf, einige sind viel zu kompliziert, andere verstehe ich sowieso nicht.

Aber jetzt hab ich eine gefunden! Egal, wie sie heißt (für Schleichwerbung kriegt man hier eh nix bezahlt) und wo ich sie besorge: Sie erfüllt ihren Zweck, ist nicht zu teuer – und sie hat eine Funktion, von der ich bisher immer nur geträumt habe.

Wenn ich eine Kamera kaufe, muss sie gegen Verwacklung, gegen Unschärfe gerüstet sein, gegen rote Augen (und am besten noch gegen Rotznasen, Trauerklöße und Nachtschatten). Die meine hat nun auch noch – wundersam – eine »Gesichtserkennung« und eine »Lächelerkennung«. Ist das nicht herrlich?!

Eine Lächelerkennung – das hab ich mir schon immer gewünscht! Dann muss ich gar nicht erst »Bitte lächeln!« rufen, damit die Leute freundlich sind. Ich weiß noch nicht genau, was passiert, wenn meine neue Kamera ein Lächeln erkennt, aber ich weiß, was mit mir passiert, wenn mich jemand anlächelt: Mir wird warm ums Herz, ich lächle unweigerlich zurück, und sollte da Ärger gewesen sein, verfliegt er rasch, ich fühle mich wahr- und angenommen.

Manchmal aber merke ich es gar nicht, wenn Leute mich anlächeln, dann bleib ich unberührt und kalt. Da wäre eine Lächelerkennung schon hilfreich; ich würde sicher entdecken, dass viel mehr Menschen, als ich ahne, es gut mit mir meinen, dass mich viel mehr Lächeln umgibt, als ich glaube.

Lächeln Gottes auch! Aber das ist ganz schwer zu erkennen, oder? Nein, eigentlich nicht. Gott lächelt, wenn im Herbst die bunten Farben aufstrahlen, wenn ein nebliger Novembermorgen einen Zauber verheißt, wenn der Frühling sich duftend breit macht, wenn im Advent die ersten Kerzen angezündet werden, wenn der Sommer in der Luft flirrt – und wenn Menschen die Ruhe wieder finden, einander zu begegnen, einander in die Augen zu sehen. Gott lächelt in den tausend Lächeln, die mich streifen jeden Tag. Kommen Sie, wir machen uns heute Morgen mal auf Lächelerkennungssuche. Ich bin sicher, Gott lässt sich nicht lange bitten – er lächelt schon.

Mein Gott, hilf mir, dein Lächeln zu erkennen, strahle mich an, damit sich das Lächeln hineinzaubert in mein Herz, damit ich fröhlich bin unter deinem Himmel, auf deiner Erde. Amen

Guck-in-die-Luft

»Sieh einmal, hier steht er. Pfui, der Struwwelpeter!«
Ich weiß schon, dass das pädagogisch alles andere als
sinnvoll ist (und meine Kinder haben das Buch auch
nie in die Finger gekriegt) – aber ich konnte, als kleines
Büblein mit dem Schalk im Nacken, dem Machwerk
von Dr. Heinrich Hoffmann – er ruhe in Frieden –
durchaus etwas abgewinnen (manchmal jedenfalls).

Nicht ganz im Sinne des Erfinders freilich: Der Sup-
pen-Kaspar hatte meine ganze Sympathie, wenn ich die
kalten Kartoffeln aufessen musste (Kartoffeln mag ich
bis heute nicht wirklich); und der fliegende Robert hat
immerhin die Freiheit erfahren, abzuheben – ein kind-
licher Überflieger sozusagen, eigentlich beneidenswert.
Der Zappel-Philipp war ein früher Revoluzzer wider
Sitte und Gewohnheit (gut so!) – und ganz besonders
angetan hat's mir Hans Guck-in-die-Luft: »Wenn der
Hans zur Schule ging, stets sein Blick am Himmel hing.«

Das ist doch ein guter Tipp! »Wenn ich seh die Himmel, deiner Hände Werk ...«, heißt es in einem König
David zugeschriebenen Psalm der Bibel. Die gibt also
dieselbe Blickrichtung an, rät, den Blick zu heben,
himmelwärts. Weil der Himmel weit ist, weil sich Horizonte auftun, weil ich dann Großes und Erhabenes
zu sehen bekomme.

»Vor die eignen Füße dicht, ja, da sah der Bursche
nicht«, bemängelt Dr. Hoffmann am Hans, und über-

sieht doch, dass es genau daran manchmal krankt im Leben: dass wir den Blick zu Boden gehen lassen, niedergeschlagen, bedrückt; dass wir nur glauben und für wahr halten, was vor Augen liegt; dass wir das Naheliegende sehen und es damit gut sein lassen – wo doch so viel mehr möglich ist, wo doch das Leben einen viel weiteren Horizont haben könnte, wir auf Weite und Größe angelegt sind, auf Frei-Atmen, Überfliegen, Abheben vor Glück manchmal.

»Wenn ich seh die Himmel ...« Die Himmel, der Himmel – in allen Kulturen ist er das Symbol für den »Vater im Himmel«, den weiten, großen Gott, der Anteil gibt an seiner Weite und Größe.

So ein wenig (oder mehr) Guck-in-die-Luft kann nicht schaden, denn wenn ich das Herz weit mache und fühle, was meine Möglichkeiten sind, wenn ich mich öffne, dann bekommt auch das, was »vor den eignen Füßen dicht« liegt, seinen Platz – aber eben nicht viel zu viel Aufmerksamkeit. »Also sprach im ernsten Ton der Papa zu seinem Sohn« – will ich mir's gesagt sein lassen!

Gott, ich schau in den Himmel, ich bewundere seine Weite und spüre, so weit (und weiter noch) bist du – und doch ganz nah. Weil ich zu dir gehöre, muss ich im Klein-Klein der Tage nicht verzweifeln, du weitest meinen Horizont. Amen

Keine Schablonen!

Vielleicht kennen Sie die noch: Laubsägearbeiten? Ich habe sie geliebt: Winnetou gab's, und Bambi fand ich besonders toll; Schneewittchen gab es, glaub ich, auch, aber das war ja mehr was für Mädchen. Und ich habe mir viel Mühe gegeben, die kleinen Helden aus ihren kleinen dünnen Holzplatten auszusägen, immer schön an der Linie entlang – hat nicht immer so gut geklappt, aber war ja auch ganz schön schwer für einen Acht-jährigen, oder?

Ziemlich grell und nicht ganz naturecht angemalt hingen sie dann lang und nicht ohne Stolz betrachtet an der Wand (nebenbei: Die Laubsägearbeiten markie-ren den Beginn und das Ende meiner handwerklichen Karriere).

Dieser Tage bin ich mal wieder drauf gekommen, weil ich ein Kindergeburtstagsgeschenk brauchte (ich habe inzwischen von Laubsägenarbeiten abgesehen) und ... weil mir aufgefallen ist, wie viele Menschen nach Scha-blone leben. In jeder Illustrierten, in jedem Werbespot, bei der abendlichen Soap werden Trends gesetzt: Man und frau trägt jetzt dies und das, spricht und handelt so und so. Die Rapper haben ihren eigenen »Style«, die Hip-Hopper ihren anderen, Nadelstreifen für die einen, zerrissene Jeans für die anderen, George Clooney zum Vorbild für den, Veronika Ferres für die – Leben nach Schablone. Es ist bemerkenswert und bedrängend, wie wenig sich Zeitgenossen manchmal unterscheiden, je nach Interesse und Freizeitorientierung, und es geht eher darum, mit derselben Modelaubsäge aus dem gleichen Holz geschnitzt zu sein, als hier und da etwas sperrig zu leben, dann aber: persönlich, unverwechselbar.

Ich glaube, als Schablonen, als Chiffren hat uns Gott nicht gemeint, als er uns schuf »zu seinem Ebenbild«, wie es in den ersten Kapiteln der Bibel heißt. Das klingt vielleicht ein klein wenig nach Laubsäge und nach »abgekupfert«, gemeint aber ist das Schöpferische des Schöpfers selbst: als lebendige Menschen sind wir gedacht, als kreative, als Mit-Schöpfer der eigenen Persönlichkeit. Gerade wenn ich sperrig bin und nicht ins Schema passe, dann bin ich richtig, gerade wenn ich meine ganz eigenen Vorlieben und Überzeugungen bilde und entfalte, dann bin ich ein Mensch nach Gottes Geschmack – und dann darf es ruhig auch ungerade geschnitten und bunt bemalt sein, unser Menschsein. Dann hat der Schöpfer seine Freude daran und ist stolz darauf; und ich spüre meine ganz besondere Lebendigkeit.

Frei von den Schablonen will ich sein, mein Gott, darum hilf mir, meine Grenzen und meine Möglichkeiten zu entdecken, meine Stärken und Schwächen. Ich will zu mir selber finden – und zu mir stehen. Amen

Leben satt

Sauce Bolognese, Rindsrouladen, Tomatensuppe mit viel Basilikum – wissen Sie, ich koche gerne. Meine »Lasagne pastorale« wird im Freundeskreis hoch geschätzt! Aber na ja ... das sind halt Freunde, die meinen es gut mit mir und schlucken schon mal lächelnd und lobend, was sie anderswo bestimmt besser vorgesetzt bekämen. Ich sehe es ein: Ich koche gerne, richtig gut aber gewiss nicht.

Besonders dann nicht, wenn es schnell gehen muss, weil die Zeit drängt, der nächste Termin schon mahnt und die Kinder Kohldampf haben. Dann greife ich auch schon mal zur Instant-Soßen-Tüte (Manni-Iwo-Knurr-Fix-und-Fertig und wie sie alle heißen) und koch schnell Spaghetti dazu (bei den Jungs kommen die immer gut an).

Wissen Sie, ich lebe auch gerne ..., aber leb ich auch gut? Falls sich da Zweifel einstellen, falls mir die (Lebens-)Zeit in den Fingern zerrinnt und ich schon lange nicht mehr gelacht habe, falls ich schon beim Aufstehen müde bin und mich nicht mehr freuen kann an den Bäumen, Blumen, Menschen, die mich umgeben, falls ich nicht mehr so recht weiß, warum ich eigentlich hier bin und wohin es noch gehen soll ..., wenn also das Leben fade schmeckt, die Würze fehlt, ich mir das Maul verbrenne daran und am Ende alles sauer aufstößt – dann hilft irgendein Instant-Leben (anders als beim Kochen) nicht. Gibt es ja: Leben aus der Dose, Leben zum Anrühren, Fast-Food-Leben. Gibt es im Sonderangebot bei der regenbogenfarbenen Presse, den grellen Fernsehmagazinen, im bunt gemischten Warenhaus. Doch auch wenn wir über das Angebot nicht klagen können: Es macht nicht satt, es gibt keine Kraft, es lässt mich hungrig und durstig zurück. Die Appetitanreger halten nicht lange vor. Und nun?

Wenn ich beim Kochen nicht weiter weiß, verzweifle ich nicht, dann frage ich einen, der es besser kann: das altbewährte Rezeptbuch, die Schwiegermutter oder einen befreundeten Chef de Cuisine. Meinen Chef de la Vie frag ich, wenn ich im Leben nicht weiter weiß. Gott. Der kennt sich gut aus und bereitet die Speise schmackhaft, er richtet es raffiniert an. Mmh!

Gott, wenn mir das Leben fade wird, dann gib deine Würze dran. Rüttle mich auf, gib mir etwas zu lachen, stell mich vor Herausforderungen. Ich will das Leben spüren, das Leben in seiner Fülle, das du schenkst. Amen

Meine Geschichte

Im Treppenaufgang links hängt sie, unsere kleine Fotogalerie: Bilder von den Kindern, beim Fußballspiel oder Musizieren, Oma und Opa, die Cousins, liebe Freunde. Wir gehen täglich dran vorbei und freuen uns. Darunter auch Fotos von mir: Thomas mit Papas Pfeife auf dem Töpfchen, Thomas am ersten Schultag, als Konfirmand, beim Tennisturnier, Thomas bei der Friedensdemo (lange Haare, langer Bart – das würden Sie gar nicht glauben, wenn Sie mich heute kennen!), Thomas (jetzt bürgerlich) als junger Pfarrer.

Mir macht es Spaß, die alten Bilder anzuschauen: verschämt manchmal, was für ein Kindskopf ich war, und erfreut über manche Erinnerung, manches Erlebnis, das mir beim Bilderanschauen in den Sinn kommt. Genauso gerne blättere ich in den alten Fotoalben meiner Mutter, die mir meine Eltern und Großeltern, Onkel und Tanten zeigen, als junge Leute, Kinder, Säuglinge, wie ich sie nie gekannt habe.

Was mich dann sehr bewegt, das ist, dass ich eine Geschichte habe, dass ich geworden bin: vom ruhigen Baby (erzählt meine Mutter) über den braven Schüler (klar!) und den aufmüpfigen Studenten (glauben Sie's nur!) bis zum distinguierten Pfarrherrn. Da hat es Menschen gegeben, die mich begleitet haben, wohlwollend und hilfreich, und andere, die mich verletzt haben, und die Wunden schmerzen noch. Es hat wundervolle, lebendige Zeiten gegeben, und dürre Tage und Krisen – die mich allesamt haben wachsen lassen und zu dem gemacht haben, der ich heute bin.

Gut ist es, und beruhigend zu wissen, dass mein Wachsen und Werden kein Zufall ist, nicht blindes Schicksal. Ich bin vom ersten Tag an nicht allein gewesen. Keine und keiner von uns ist das; wir haben Gott zur Seite, der mitgeht, der Wege aufzeigt, bei Entscheidungen hilft, der Mut macht und tröstet, herausfordert und Aufgaben stellt, die uns reifen lassen. In der Regel sieht ein Menschenleben ja höchst verwirrend aus, reichlich kompliziert, und bei den Wegen, die wir gehen, sind eine Menge Irrwege, Umwege, Holzwege dabei. Das schadet aber nichts: Gott verliert uns nicht aus den Augen. Und sieht uns lächelnd an und gerne, so wie ich meine Fotogalerie.

Nehmen Sie sich ein bisschen Zeit, staunen Sie mal ein bisschen über sich selbst und Ihre Geschichte – und den Gott, der sie mitgeht.

Danke, mein Gott, für diesen Lebensweg, den du mit mir beschreitest, für alle Anfänge und alles Lernen, für jeden Schritt voran und die Rast dazwischen. Ich weiß mich geborgen bei dir. Amen

Ohne G fehlt dir was!

Meine eigene Telefonnummer, die kann ich mir grad noch merken, also: vom Festnetz die. Handynummer? Fehlanzeige. Selbst die besten Freunde frag ich regelmäßig: »Äh, wie war noch mal deine Nummer?« (Reaktion: »Thomas, das nervt!«) Ein Segen, dass es Telefonbücher gibt, Gelbe Seiten oder Das Örtliche. – Ohne Ö fehlt dir was! Stimmt! Die Nummer vom Pizzadienst, den Notruf bei der Autowerkstatt, die Verbindung zur Kirchenleitung, und für die Urlaubsplanung den richtigen Kontakt, das alles liefert mir das Telefonbuch, das alles und noch viel mehr ... und wenn ich mal sauwütend bin, dann kann ich es immer noch zerreißen und mein Mütchen kühlen!

Kontakte aber, Beziehungen und Verbindungen gibt es, da versagt das Zahlenwerk. Wie ich Kontakt finde zu mir selbst, wie ich mich selber lieben lerne, wie meine Partnerschaft neue Tiefe erfährt oder meine Freundschaften neuen Schwung, wie ich die abgerissenen Verbindungen wieder aufbaue, mich versöhne nach einem langen Streit – dazu schweigt das Telefonbuch. Aber gerade da bräuchte ich oft genug Hilfe. Und zum Glück gibt es einen, den ich anrufen kann!

»Anrufen« ist eines der alten biblisch-kirchlichen Wörter und hat mit Nummerntasten oder Selbstwählautomatik nichts zu tun. »Anrufen« oder »beten« heißt: hinwenden. Mich an den wenden, der sich auskennt mit Kontaktschwierigkeiten, Verbindungsunterbrechungen, mit den Beziehungskrisen. Gott ist sozusagen spezialisiert auf Zuwendung. Er liebt, und er weiß Rat, wenn es mit der Liebe, mit der Kontaktfähigkeit hapert. »Gib Acht auf dich, du bist mir etwas wert!« ist solch ein Rat und eine Ermutigung dazu; oder: »Deinen Mitmenschen lieb ich auch, sei aufmerksam auf ihn!« Und wenn ich den Anschluss mal gar nicht finde, dann hilft er mir, über meinen Schatten zu springen oder genau hinzuhören und mich überraschen zu lassen.

Üben Sie diese Art von Anrufen doch ein bisschen! Sie werden sehen: Es ist nie besetzt, und es heißt nie: »Kein Anschluss unter dieser Nummer.« Ich bin sehr froh über diesen Kontakt. Ohne G fehlte mir was!

Wie lebte ich, Gott, ohne dich? Wo käme meine Beziehungsfähigkeit her, bezögest du dich nicht auf mich? Wie sollte ich lieben lernen, liebtest du mich nicht? Ich brauche dich, mein Gott. Heute auch! Amen

Keine Hängepartie

»Hängen Sie auch gut?« Nein, das hab ich nicht auf dem Galgenberg gehört oder beim Klettern im Fels, sondern bei der Krankengymnastik, auf dem Schlingentisch. Und meine Physiotherapeutin meint es nur gut mit mir, wenn mein Kopf in einer Schlaufe liegt und ich ihn ganz entspannt getragen weiß. Bei all den Rückenschmerzen und den Verspannungen tut es sehr gut, sich mal hängen zu lassen und sich kundigen Händen anzuvertrauen.

»Lass dich nicht so hängen!«, hat mein Vater manchmal streng gesagt, wenn ich mal keine Lust hatte auf dies und das, oder wenn ich einfach zu faul war (was ich jetzt selbstverständlich nie bin ...). Und Recht hatte er auch (meistens), weil es richtig ist, zuzupacken, Chancen zu ergreifen, das Leben in die Hand zu nehmen, wann immer es geht.

Aber es geht nicht immer. Manchmal lässt das Leben uns ganz schön hängen: Dann enttäuscht es unsere Hoffnungen, dann lohnt es all unsere Mühe nicht, dann schlägt es uns vor den Kopf. Und dann ist es nichts mit einem gemütlichen »sich hängen lassen« oder »die Seele ein wenig baumeln lassen«, dann ist es anstrengend, dann geht es schier über die Kraft, dann ist jeder Tag eine Hängepartie. Und ich fühl mich zerbrechlich und krank, die Nackenschläge tun weh. Dann häng ich mutlos in den Seilen, dann lass ich die Mundwinkel hängen und hab einen mächtigen Hang zur Verzweiflung, einen echten Durchhänger. Und anders als in der Krankengymnastik sind da auch keine Hände, die mir das Haupt tragen und mir die Rückenbeschwerden erleichtern.

Aber halt, nein! Das stimmt nicht! Hände sind da schon. Nicht die eigenen, aber Gottes Hände. Die tragen mich, die tragen Sie – und Gott lässt Sie nicht hängen! Er legt seine Hände sanft unter den Kopf, er streicht den Schmerz behutsam aus dem Nacken, und wenn es nötig ist, sich hängen oder gar fallen zu lassen, dann fängt er auf.

Und er gibt, wie bei der Physiotherapie, guten Rat, wie ich die Verkrümmungen und Verspannungen besser vermeide – lässt sich nachlesen in der Bibel, lässt sich hören im Gebet. »Hängen Sie gut?« Bei Gott ganz gewiss. Drum lassen Sie's doch auch einfach mal zu, sich hängen zu lassen – heute zum Beispiel. Keine Furcht: Sie sind ja gut aufgehoben!

Ja, mein Gott, heute will ich mich hängen lassen, heute vertraue ich mich dir an. Ich brauche Zeit zum Durchatmen, ich muss einmal alle Viere von mir strecken. Birg mich in deiner Hand, deiner Liebe. Dann bin ich ganz getrost. Und wenn ich mich erholt habe, pack ich's wieder an. Amen

Tränen

Es tut mir leid, aber Brillenträger gehen diese Gedanken hier gar nichts an – jedenfalls auf den ersten, den weit- oder kurzsichtigen Blick. Da hab ich nämlich zufällig bei einem Freundesbesuch was Kurioses entdeckt, das ich (selber Brillenschlangerich) gar nicht kannte: Tränenersatzmittel. Lustig, nicht wahr? Lustig – na ja, wahrscheinlich nicht für den, der es braucht. Kontaktlinsenträger (und -trägerinnen) brauchen es, damit das Auge nicht austrocknet. Darum ist da so chemisches Zeug drin wie Hydroxypropylmethylcellulose und Polyacrylsäure (ich habe den Beipackzettel gelesen!). Ich weiß zwar nicht, wie Hydrodingsda und Pullisäure aussehen, aber klingen tut's unangenehm.

So richtig und ganz und gar unangenehm ist aber doch, keine Tränen zu haben. Und nun geht's Brillenträger doch wieder etwas an, denn das kann allen passieren: dass mich etwas so verletzt, so abgrundtief traurig macht, dass ich keine Tränen mehr habe. Wenn selbst zu Trauer und Klage die Kraft fehlt, dann hat nur noch die graue Verzweiflung Platz. Dann helfen die marktüblichen Tränenersatzmittel, selbst wenn es sie rezeptfrei gibt, auch nicht mehr.

Was dann hilft, das ist einer, der sogar mein Verstummen hört, der meine Tränen noch fühlt, wenn ich schon nicht mehr weinen kann, der für mich weint, wenn ich keine Tränen mehr habe. Dann hilft ein Ersatztränenweiner. Gott ist so einer. Von Jesus wird erzählt, dass ihn das Schicksal derer, die ihm lahm, blind und krank begegneten, zu Tränen rühren konnte. »Ich weine sehr«, heißt es einmal im Buch der Offenbarung von Gott selbst. Gott ist einer, der sich auf unseren Schmerz versteht, ein mitleidender Gott. Wo meine Kraft zu Ende ist, wo mir selbst die Tränen abhanden gekommen sind, da tritt er ein, da leiht er seine Tränen.

Er weint mit mir und für mich – und am Ende lache ich mit ihm. Denn zum Mitleiden kommt die Verheißung dazu: »Ich will abwischen alle Tränen von ihren Augen! Kein Leid, kein Schrei, kein Schmerz wird mehr sein!« Das ist ja das allerbeste Tränenersatzmittel und sticht Hyperprobidingens und Pullisäusel aus: der Gottestrost, der mir ein Lachen ins Herz senkt. Lachen kann ja auch zu Tränen rühren, das Lachen der Befreiten und Geheilten, der Ermutigten und Getrosten allemal. Ob Brillenschlange, Linsenträger oder Adlerauge, das gilt für alle.

Gott, manchmal habe ich mich völlig ausgeweint, dann fließen keine Tränen mehr, auch wenn ich abgrundtief traurig bin. Gott, dann leih mir deine Tränen, dann wende dich mir zu. Ich vertraue dir: Wenn du mit mir trauerst, dann tröstest du mich auch. Amen

Spieglein, Spieglein an der Wand ...

Das kennen Sie ja, ist ein alter Witz: Schau ich morgens in den Spiegel, dann ist mir der auf der anderen Seite recht unbekannt: »Was macht denn der fremde Mann in meinem Bad?« Und am Ende bin ich es doch selbst, mit meinen müden Augen und dem faltigen Gesicht.

Dabei habe ich mich ganz anders in Erinnerung – zumindest hätte ich mich gerne anders: aufgeweckt nämlich, mit frischem Blick und einem Lächeln um den Mund, lebensfroh und wohlgemut. Aber: Spiegel lügen nicht. Morgens nicht und abends nicht. Es hat keinen Sinn, mich selbst zu betrügen und der »Schönste im ganzen Land« sein zu wollen – oder der Klügste, Frömmste, Weiseste, was auch immer. Ich bin, wer und was ich bin. Das alte Lied: Gib mir deine Hand, schau in mein Gesicht, und du wirst sehn: Spiegel lügen nicht (Tränen schon, aber das ist ein anderes Lied!).

Aber halt: Doch! Doch, sie lügen! Oder sie sagen wenigstens nicht die ganze, die volle Wahrheit und nichts als die Wahrheit. Ich bin nämlich immer mehr als der, den ich gerade vor Augen habe. Gott, sagt Paulus einmal, im sogenannten »Hohen Lied der Liebe«, Gott sieht mich auf meine Möglichkeiten hin an. »Ich sehe mich nur stückweise, wie in einem Spiegel, Gott aber sieht mich ganz!«, meint der Apostel mit Durchblick.

Die Spiegel in der Antike, in der Paulus lebte, in die er auch mal einen Blick gewagt haben mag (morgens vielleicht?), die gaben kein sonderlich scharfes Bild zurück, die waren ja oft nur aus geschliffenem Metall.

Aber auch unsere modernen Spieglein an der Wand treffen es nicht. Immerhin sehe ich mich da schon mal seitenverkehrt; und wie viel Sehnsucht da in der Seele schlummert, wie viel Liebe das Herz zu geben bereit ist, welche Träume mich umtreiben und worauf ich hoffe, das weiß der größte und feinste Spiegel nicht.

Die böse Stiefmutter von Schneewittchen hat es ja recht belastet, dass die »noch viel tausendmal schöner« war als sie. Dass ich in Gottes Augen unendlich viel schöner bin, als mir mein Spiegel zu früher Stunde weismachen will, das befreit mich eher. Dann sehe ich nicht auf Tränensäcke und Krähenfüße, sondern lebensfroh und wohlgemut auf einen neuen Tag mit vielen Möglichkeiten, mich zu entdecken und teilzuhaben an der Schönheit um mich her.

Mein Gott, ich danke dir, dass ich in deinen Augen schön bin, dass du in die Tiefe schaust, in mein Herz – und nicht nur auf die Oberfläche, die mir manchmal Mühe macht, weil ich mich unansehnlich finde. Mach mich frei, deinen Blick gelten zu lassen. Amen

Von oben

Verraten Sie's nicht, sonst krieg ich nach all den Jahren noch Ärger mit meiner Mutter, aber: Als Kind bin ich furchtbar gerne auf Bäume geklettert oder auf hohe Felsen. Ich hab es genossen, die Welt von oben zu sehen. Alles war dann wohlgeordnet, weit und hell, und was mich drunten am Boden bedrängte, das war kleiner und überschaubar. Mit etwas Abstand konnte ich das Furchterregende vergessen, kindlich bedenken oder verlachen (was sich immer am besten angefühlt hat).

Heut bin ich wohl zu ungelenk zum Auf-Bäume-Steigen, jedenfalls hab ich es schon lang nicht mehr versucht, zu schwer bin ich vielleicht auch, und ich will mir ja nicht die Nase brechen oder den Steiß. Vielleicht bin ich auch nur zu feige inzwischen. Die Sehnsucht aber, die Sehnsucht, den Überblick zu haben, die ist geblieben. Wie schnell geht's, dass ich im Alltagsnebel den Weg verliere, dass ich nicht mehr weiß, wo's langgeht. Das kennen Sie wohl auch: Das Bedrängende rückt so nah auf den Pelz, dass es weh tut und den Atem nimmt, dass es die Sicht versperrt und ich mutlos durch die Tage schleiche, verirrt in der eigenen Ratlosigkeit. Dann sehe ich den Wald vor lauter Bäumen nicht.

Aber (aufgepasst!) jetzt werde ich es mir nicht so leicht machen, dass ich gefällig-geistlich sage: Gott hat den Überblick, also beruhige dich! Es hilft ja nicht viel, wenn er hoch oben auf den Bäumen sitzt und den Weit- und Durchblick hat, ich hocke aber doch bloß drunter und sehe gerade mal bis zum nächsten Stamm.

Was hilft, ist: eine Auszeit nehmen, durchatmen, innehalten. Klettern Sie mal innerlich auf einen Baum, senken Sie die Lider, wenden Sie den Blick für einen Moment ab von dem, was viel zu nah und schmerzhaft vor Augen liegt. Was hilft, ist: Vertrauen Sie sich dem an, der den Überblick hat, ohne das Augenmerk für jede, jeden Einzelnen verloren zu haben. In der kirchlichen Tradition heißt so ein Baum-Ersteigen: beten, still werden, in sich gehen, meditieren. Wie immer Sie das mögen – tun Sie sich auf für die Möglichkeiten, die Gott für uns sieht und für die wir längst den Blick verloren haben. Wir sind dem nicht verhaftet, was wir vor Augen haben oder was uns die Augen trübt, wir sind weit angelegt, sehr weit und hell.

Eine kleine Pause also (heute vielleicht?!) – und ich lasse meine Seele auf den nächstbesten Gottesbaum klettern!

Mein Gott, gib mir ein wenig von deinem Blick für mein Leben, das so viel weiter und tiefer ist, als ich es überschauen und verstehen kann. Der Horizont meines Lebens ist groß – gib mir Augen dafür. Amen

Zurückbleiben bitte!

Für ein paar Tage war ich mal in Berlin, die Oma besuchen, und Sightseeing natürlich: Brandenburger Tor, Sony Center, Philharmonie, Bootsfahrt auf der Spree. Ich fahre da gerne U-Bahn, weil man's bei mir in der Kleinstadt ja nicht kann, außerdem ist es einfacher, als sich durch den Stadtverkehr zu wühlen. Dabei ist mir aufgefallen, dass die Berliner U-Bahn eine Art Liturgie hat: »Zug nach Spandau – einsteigen bitte! – Zurrrrückbleiben bitte!«, »Zug nach Kreuzberg – einsteigen bitte! – Zurrrrückbleiben bitte!« Bei jedem U-Bahnhof, bei jedem Halt tönt es so mit einem gewissen strengen Unterton aus den Lautsprechern. Und die Leute halten sich dran, ohne zu murren, ohne Widerrede! Seltsam, nicht wahr?

»Zurückbleiben bitte!« Wir leben ja nicht gerade in einer Zeit, in der die Menschen gerne zurückbleiben, im Gegenteil. Mitzukommen ist für viele ein Lebenszweck: im Trend zu sein, die richtige Marke am Leib zu tragen oder zu fahren, dabei zu sein, wenn was los ist, oder sogar vornedran zu sein, der und die Erste zu sein (notfalls wird halt nachgeholfen, mit Ellenbogen oder EPO-Doping, je nach Disziplin und Durchsetzungsvermögen). Das ist etwas schwarzgemalt, oder wenigstens grau, das geb ich zu, aber Berlin, dieser Stadt, die nicht schläft, in der die Menschen atemlos über die Promenaden laufen, in der sehr Reiche sehr

43

Armen begegnen (oder auch nicht) – Berlin nicht unähnlich ist unsere Gesellschaft durchaus. Da wäre »Zurückbleiben« doch das Uncoolste, ein Zeichen von Schwäche, oder?

Trotzdem, bei der U-Bahn halten sich die Leute dran. Ich vermute, weil schon zu viel passiert ist, weil es schreckliche Unfälle gab, wenn einer nicht zurückgeblieben ist. Da habe ich etwas gelernt: dass es einem besser tut, mal nachzugeben, einzuhalten, inne zu werden, einen Schritt zurück zu tun, abzuwarten, langsam zu treten. Wer atemlos lebt, wie auf der Jagd, der übersieht die Kleinigkeiten, die gefährlichen, aber auch die beglückenden: Es gibt so gute Gespräche, wenn ich noch zehn Minuten Zeit habe bis zur nächsten Bahn, oder ich bin einfach ein wenig aufmerksam für die anderen, die mit mir warten, mit mir leben. Zurückbleiben – das ist kein Schade, das ist eine Chance, »Entschleunigung« heißt das moderne Stichwort dafür. Wer zu schnell lebt und nicht mal innehält, kommt ins Schleudern, die Erfahrung lehrt's – wissen U-Bahn-Schaffner. Und weiß Jesus, wenn er sagt: »Schaut euch doch mal die Blumen und die Vögel an! Die leben und sorgen nicht!«

Mir geht das alles zu schnell, mein Gott, mein Leben saust dahin. Hilf mir, Ruhe zu finden, entschleunige meine Tage. Schritt für Schritt will ich gehen, nicht atemlos, sondern bewusst! Amen

Zeichensetzung

In der Schule hatte ich ein absolutes Lieblingsfach.
Nein, nicht Religion ('tschuldigung!), sondern Deutsch.
Die Bücher, Gedichte, Aufsätze, die wir lasen, fand ich
faszinierend, viele Gespräche waren fruchtbar und
weiterführend, die manchmal komplizierte Grammatik
hat die Sprache geklärt – und in einem war ich besonders gut: in der Interpunktion, der Zeichensetzung. Für
die hab ich eine nachhaltige Leidenschaft entwickelt.
Vielleicht, weil ich gerne laut (vor-)lese und sich dafür
das Geheimnis um Komma und Strichpunkt, Ausrufe-
und Fragezeichen, Schlusspunkt, Gedankenstrich und
Gänsefüßchen als ausgesprochen hilfreich erweist.

Dass Gott auch Deutsch spricht (und schön!), wissen wir spätestens seit Martin Luthers poetischer
Bibelübersetzung; aber dass er sich auch in der Zeichensetzung göttlich gut auskennt, ist bisher nicht
wahrgenommen worden. Es ist aber bemerkenswert:
Gottes Interpunktion ist lebensnah und förderlich –
wenn ich sie lese und die Pausen und Betonungen
zulasse, die Gott mir zuspricht. Hören Sie doch mal:

Manchmal setzt er im Lärm und Geschwätz ein
Komma und sagt: »Atme doch mal durch!« Oder ein
Semikolon (den Strichpunkt): »Halt inne, mach lang-
sam!« Bisweilen, wenn ich schon nicht mehr kann vor
Getümmel und Getöse, bringt er es auf den Punkt: »Ge-
nug jetzt, mach ein Ende, nun ist es gut!« Und wenn ich

es dann immer noch nicht verstehe, kommt schon auch mal ein Ausrufezeichen – das ist wie ein freundlicher Knuff auf die Schulter, oder, wenn es nötig ist, ein kräftiger Stoß vor den Kopf, damit ich mich nicht verrenne und verirre im Gewirr der guten Ratschläge, der Meinungen und Marktschreier. Das tut erst mal weh, aber dann bin ich ihm bald dankbar dafür. Doch: Fragezeichen kennt Gott auch, weil er sich die Fragen anhört, die mich umtreiben, weil er sie mit mir aushält und keine vorschnellen Antworten gibt. Und ab und zu gibt er mir eine Frage auch zurück: »Bist du sicher, dass du das nicht selber beantworten kannst?«, damit ich mündig werde, Verantwortung übernehme, mein Leben gestalte.

Und ein Satzzeichen gibt es, das ist – da geh ich jede Wette ein – Gottes Lieblingszeichen: der Doppelpunkt. Denn – nach dem Doppelpunkt, da kommt noch was, der Doppelpunkt öffnet, weist nach vorne, verheißt etwas. Und so hat Gott es gerne: Wir enden nicht am Schlusspunkt, niemals ist alles gesagt über uns, am Ende des Abschnitts ist nicht alles aus und vorbei, nein, wir leben vor dem Doppelpunkt – und danach empfängt Gott uns mit offenen Armen, liebevoll (mit Ausrufezeichen!).

Setz deine Zeichen, Gott, in meinem Leben, damit ich merke, wie lebendig es ist: durchzogen von deiner Ruhe, bereichert von deinen Herausforderungen, geborgen in deiner Güte. Setz deine Zeichen und hilf mir, sie zu lesen. Amen

Gefüllte Zeit

Immer im Februar etwa geht uns zuhause die Erdbeermarmelade langsam aus. Nur ein paar Gläser sind dann noch da – von vielen, vielen Gläsern Marmelade, die meine Frau eingekocht hat im Frühsommer vergangenen Jahres. Ach ... Erdbeeren! Ich liebe sie, das erste Obst im Jahr, wenn ich nur daran denke, läuft mir das Wasser im Mund zusammen. Welch ein Segen, welch ein Geschenk, dass wir die dann im Kellerregal haben, wenn es keine frischen Erdbeeren mehr zu kaufen gibt (oder nur noch die aus Marokko): Erdbeermarmelade, Frühsommergeschmack im Winter noch, ein Fest des Wohlgeschmacks auf Butter oder Quark. Einfach herrlich! Und nun geht sie uns langsam aus, fünf oder sechs Gläser sind nun noch da, das reicht höchstens bis März. Ja, und dann?

Ja, und dann? Sie kennen diese Frage auch, in ernsteren Zusammenhängen, in solchen, die einem gar nicht schmecken. Wie das Frühsommerfest der Erdbeeren möchte ich manches gerne festhalten, konservieren, einwecken im Glas: den ersten Kuss, die ersten Worte des Sohnes, der Tochter, den gelungenen Urlaub, die schwer erarbeitete Versöhnung, den hilfreichen Gedanken, die befriedigende Freundschaft, den Sonnenuntergang hinterm Berg, den Vogelgesang, der Hoffnung geweckt hat. »O Augenblick, verweile doch, du bist so schön« und »Jede Lust will Ewigkeit, will tiefe, tiefe Ewigkeit«. Will sie, bekommt sie aber nicht, und der Augenblick des Glücks und der Schönheit verfliegt. Konservieren, festhalten, verewigen und bei Bedarf hervorholen und kosten (wie die Erdbeermarmelade), das geht leider nicht.

Ja, und dann? Die Konsequenz könnte sein, dass ich mir die schönen Momente nicht mehr wünsche, weil sie ja eh vergehen und ich dann bloß frustriert bin. Oder aber: Ich koste sie aus, ich lerne den Augenblick zu schätzen, ich gebe mich – für diesen Moment – dem Genuss hin, ganz und gar. »Carpe diem«, sagt der Lateiner: Pflücke den Tag. Sagt Gott übrigens auch (»Siehe, jetzt ist die Zeit der Gnade«, 2. Kor 6,2). Und er tut noch eins drauf: Von Gott her weisen die Augenblicke der Lebensfülle, des Glücks, des Staunens über sich hinaus. Sie vergehen nicht einfach und kehren dann nicht wieder. Nein, sie sind Vorgeschmack, Angeld auf die Fülle, die kommt, für die wir gemeint sind. Was ich bei einem Löffel Erdbeerschlecksel schmecke, das blüht mir, wenn meine Tage ihre Erfüllung finden. Das macht den Augenblick umso schöner: Die Lust wird Ewigkeit haben! Gottes Ewigkeit, das heißt: gefüllte, schöne Zeit, die verweilt.

So pflück ich gern die Blüten eines jeden Tages!

So viel Buntes, Großes, Helles, Klingendes und Schmackhaftes, das du mir zum Geschenk machst. Gib mir Augen dafür, hilf mir zu genießen, mich zurückzulehnen, zu empfangen. Danke, mein Gott! (Und danke für die Erdbeeren!) Amen

Was gut tut

Menschenskind, hab ich Muskelkater. Aber selbst schuld: Ich hab mich mal wieder auf die Langlaufski getraut, hoch oben auf Nordschwarzwalds Höhen (zum dritten Mal im Leben, zum zweiten Mal diesen Winter), und jetzt tut mir alles weh. Immerhin, ich bin nur einmal gestürzt (bei dieser Abfahrt mit den gefühlten 30% Gefälle – Kenner wissen Bescheid) und ich hab die ganze Strecke geschafft. (Wie viele Kilometer? Sag ich nicht!) Ich habe einfach alles gegeben ... und jetzt tun mir die Knochen, Muskeln, Gelenke und was weiß ich noch alles weh. Aber kein Mitleid – ich hab da ein ausgesprochen wohltuendes Rezept: Ich bade nach körperlicher Mühe gerne heiß und ausgiebig, das beruhigt, macht müde und warm, und der nächste Tag ist erträglich (wenn nicht gleich wieder Höchstleistungen gefordert werden).

Allerdings gibt es auch einen Muskelkater, gegen den heißes Badewasser nichts hilft: Herzmuskelkater. Ich meine nicht den, der ein Fall wäre für den Kardiologen meines Vertrauens, sondern den, bei dem die Seele und das Gemüt gleich mitbetroffen sind. Den Kater nach gebrochenem Herzen, nach Enttäuschung und Seelennot, den Herzschmerz, der verzweifelt macht und ängstlich. Der trifft uns immer wieder mal, und wahrscheinlich nicht nur dreimal im Leben und saisonbedingt. Der macht sich schneller breit, als mir lieb ist. Gegen den ist noch kein Kräuterbad gewachsen, gegen den gibt's keine Badetinktur.

Aber etwas Ähnliches wie ein Bad gibt es doch. Gegen Herzmuskelkater und Gemütszerrung hilf Geborgenheit, hilft, sich entspannen zu können unter einer wärmenden Liebe, hilft, sich zurücklehnen zu können, sich getragen zu wissen. Selig, wer ein Herz hat, an das er sich lehnen kann, wenn das eigene schmerzt. Glücklich, wer die zerrissene Seele hineinbergen kann in tragfähige Arme und zugewandte Blicke.

Meine ätherischen Öle (Melisse, wunderbar!) oder die Fichtennadelbadetablette fürs Vollbad hol ich mir in der Drogerie, Geborgenheit wird dort nicht feilgeboten. Macht aber nichts: Die gibt es bei Gott umsonst. Er wendet sich zu, besonders bei Herzmuskelkater; er öffnet sein Herz, damit ich mich hineinbergen kann in seine Stille, und er bietet seine Arme an, damit ich mich tragen lasse. Aaach, tut das gut!

Ja, mein Gott, nimm mich in deine Arme, wiege mich wie ein Kind, damit ich ruhig werde, damit der Schmerz nachlässt und ich still werden kann. Ich will rasten bei dir, mich erholen. Amen

Hüpfburgen

Mögen Sie Hüpfburgen? Ich nicht. Die Kinder schon: Schuhe aus, strumpfsockig herumgetollt, bis der Schweiß in Strömen fließt, Gehampel, Gerumpel, Geschrei. Und der Papa macht sich denkbar unbeliebt, wenn er zum Aufbruch ruft: »Auf jetzt, die Mama wartet schon am Bratwurststand!« Aber auf Dauer überanstrengen sich die Jungs und drehen furchtbar auf, verletzen sich vielleicht sogar. Ich bin da immer ein bisschen ängstlich.

Ich mag Hüpfburgen nicht. Vielleicht auch deshalb, weil sie eben nicht nur Spielzeug sind, sondern so sehr ans wahre Leben erinnern. Auch wenn das Wort »Burg« ganz fest und beständig klingt – Hüpfburgen sind alles andere als das. Da gibt's keinen festen Grund, da wirst du hin und her geworfen, weil die anderen toben, manchmal wirst du rücksichtslos zu Boden gezogen oder in eine Ecke gedrängt – manchmal setzt du dich durch, mit den Ellenbogen oder dem größeren Gewicht. (Ich hab's mal probiert: »Unfair, Papa! Das ist voll unfair!«) So kann es zugehen im Leben: am Boden, in der Ecke, Kampf um den besten Platz, rechts und links fällt einer hin, und oft genug ich selber. Verletzt kann ich werden, mich überfordern oder überfordert werden, etwas Angst ist immer dabei.

»Ein feste Burg ist unser Gott«, heißt die erste Zeile eines der bekanntesten Lieder Martin Luthers. Es nimmt das biblische Bild von der Burg auf, der Burg, die fest steht, die Schutz gibt vor Unwetter und Hitze, in der ich zuhause bin, ruhig, geborgen, bewahrt.

Damit bei Hüpfburgen Stille einkehrt und sie ruhig liegen ..., muss ich die Luft rauslassen. Aber dann gibt's auch nichts mehr zu lachen. Das ist öde. Bei Gott muss ich nur durchs Tor treten, Einkehr halten in der Burg, die er ist. Da geht es gelassen und umso fröhlicher zu. Das ist lebendig. Ohne Druck, ohne Verletzungsgefahr, ohne Konkurrenz und Eckenstehen.

Und: Sie ist gar nicht weit weg, im Gegenteil: Die verlässliche Gottesburg ist da, jederzeit, nicht nur an Jahrmarktstagen oder bei Firmenjubiläen. Mitten im Leben steht sie da. Nur einen Schritt muss ich tun, fort vom Gehampel, Gerumpel, Geschrei – und schon steh ich im Tor.

Danke, mein Gott, dass du mir das Tor offenstehen lässt, sodass ich bei dir einkehren kann jederzeit – wenn die Tage zu laut sind, das Geschrei zu drängend, die Hitze zu groß. Danke, Gott, ich komme wieder vorbei! Amen

Keine Ausreden

Ach, mir tun die frischen grünen Grashalme so leid, und die Kribbel-Krabbel-Kleinlebewesen haben doch auch ein Recht auf ihre Tage; na, und die Nachbarn stört das Getöse bestimmt. Darum mähe ich so selten den Rasen! Weil ich so tierlieb, ein freundlicher Zeitgenosse und ein Freund der Blüten und Gräser bin!

Quatsch! Ich bin schlicht zu faul dazu; ich mag Rasenmähen nicht (warum, kann ich gar nicht so genau sagen: vielleicht Zeitverschwendung – wächst ja doch alles wieder nach? Oder ich hab halt Besseres zu tun?). Aber meine Ausreden find ich nicht schlecht, sie klingen jedenfalls ganz nobel (was mir im Übrigen nichts nützt, ich muss doch immer wieder an dieses laute, stinkende Rasenmäherungeheuer). Im Ausreden-Erfinden war ich schon immer recht fantasievoll (früher, vor dem pastoralen Amt, natürlich!).

Ausreden – in der Regel nützen sie nichts und werden als solche recht schnell erkannt. Was peinlich ist. Und das Leben, das wirkliche Leben, lässt sie schon gar nicht zu. Aus dem Leben kann ich mich nicht herausreden. Die tiefe Krise wird nicht einfach weggeschwätzt; den Fehler kann ich nicht schönreden; die Bewältigung des Alltags und seiner Herausforderung gelingt nicht mit dem Mund; und wer eine dicke Lippe riskiert, läuft Gefahr, sich das Maul zu verbrennen. Kennen Sie auch, aus Erfahrung.

Aus dem Leben kann ich mich nicht herausreden. Im Gegenteil, manchmal macht es mich stumm und sprachlos, dann fällt mir nichts mehr ein: keine Ausrede, keine Rechtfertigung, kein Rat.

Aber Gott, dem fällt noch etwas ein. Keine Ausrede, nein, eine Einrede, eine Ansprache, ein Zuspruch. Wenn es mir die Worte verschlägt, wenn mir Klage und Frage im Halse stecken bleiben und ich allenfalls noch zum Schluchzen und Seufzen Töne habe, dann spricht er mir seine Nähe zu: »Ich bin da, ich lass dich nicht im Stich!« Wenn ich mir selbst nichts mehr zu sagen habe, dann hat er gute Worte für mich. Und das Gute an denen ist vor allem, dass Gott nicht nur Worte macht, sondern: Was er sagt, das gilt! Unverbrüchlich, zuverlässig, tragfähig. Gott redet sich nicht heraus – er spricht sich uns zu, verspricht sich selbst und seine liebevolle Gegenwart.

Was er mir freilich noch nicht gesagt hat: dass ich mit dem Rasenmähen aufhören könnte. Na gut, wenn alles andere so viel-versprechend ist, ertrag ich das halt.

Gott, ich kann mich auf dich verlassen, du stehst zu deinem Wort. Darum fürchte ich mich nicht, darum muss ich nicht verzweifeln – was du zusagst, das gilt! Amen

Liebenswert!

»Bitte gestaltet jetzt ein Plakat, auf dem ganz groß euer eigener Name steht; und darum herum malt und zeichnet ihr, was euch ausmacht: eure Familie und eure Freunde, eure Lieblingsmusik, Hobbys, Schuhgröße ...! Alles klar?« – »Häh?«

Das ist O-Ton aus einer meiner Religionsstunden – ich unterrichte ein paar Stunden Reli an der hiesigen Schule, müssen Sie wissen. »Häh?« Gewiss ist es ein Ausdruck von Reife und Weisheit, eine Frage mit einer Gegenfrage zu beantworten; aber ich glaube, diesmal war es schlicht Verlegenheit. Die Schülerinnen und Schüler (schon im etwas fortgeschrittenen Jugendalter) sollten über sich selbst nachdenken, sich selbst beschreiben – und damit und dadurch fragen und entdecken: »Wer bin ich? Was macht mich aus und was macht mich zu dem Menschen, der ich bin?«

»Häh?« Wenn ich genauer hinsehe, dann hab ich diese Frage auch im Herzen und – für mich selbst – auf den Lippen. Es ist gar nicht so leicht, sich selbst zu beschreiben, sich selbst zu kennen und vor allem: sich selbst anzunehmen als der, der ich bin – mich selbst zu lieben.

Dazu rät Jesus aber so ausdrücklich wie eindrücklich: »Liebe deinen Nächsten wie (auch) dich selbst!« Ich – wer ist das denn, den ich da lieben soll? Das ist doch einer mit Falten im Gesicht, zu viel Gewicht auf der Waage und mit Wunden an der Seele. Das ist doch eine mit Krähenfüßen, Orangenhaut und gebrochenem Herzen. Wenn ich in den Spiegel schaue, dann fällt es mir nicht eben leicht, den da freudig zu begrüßen und zu lieben. Manchmal kennte ich ihn lieber nicht, weil er so unfertig, von Wunden gezeichnet und bisweilen sehr anstrengend ist. Mich lieben? »Häh?«

Aber immerhin: Gott, der findet uns – jede und jeden – liebenswert. Und macht sich Bilder von uns (Plakate, sozusagen, wie meine Schülerinnen und Schüler), besondere Bilder. Was uns ausmacht: Wir sind »Ebenbilder Gottes«, heißt es in den ersten Zeilen der Bibel. Also: Wir sind Gott wie aus dem Gesicht geschnitten, aus demselben Holz geschnitzt, mit besonderem Wert und unverwechselbarer Würde ausgestattet, jeder (auch der mit den Falten und Wunden) und jede (auch die mit Krähenfuß und Herzschmerz). Liebenswert eben – sogar für uns selbst.

»Häh?« – »Ja doch!«

Es erstaunt mich immer wieder, liebender Gott, dass ich bei dir so hoch geachtet bin, dass du mich liebst mit all meinen Unzulänglichkeiten. Es erstaunt und ermutigt mich. So kann ich mein Leben wagen! Amen

Nah dran sein

Für den Fernseher hab ich natürlich eine, für den DVD-Player und für den Stereo-Mini-Tower. Soweit ich weiß, gibt es sie jetzt auch zum Fensteröffnen oder Jalousien-Runterlassen, für den Eierkocher wird sie sicher bald erfunden, zum Autofahren, Zähneputzen, Staubsaugen nützt sie vielleicht auch ... und was weiß ich, für was noch alles: die Fernbedienung. Es liegt ja doch überall eine rum, vieles lässt sich ohne die gar nicht mehr bedienen.

Wäre ja schön, es gäbe fürs wirkliche Leben auch eine. Gefällt mir nicht, wie es gerade läuft: »Klick« (oder »Piep« oder »Brummel«, welche Töne auch immer) – ich schalt auf das andere Programm, und schon bin ich fröhlich.

Tja, so in etwa: Eine Fernbedienung für Freundschaften – und ich sehe nur noch in lachende Gesichter; oder eine für die beruflichen Herausforderungen – und die Karriere ist garantiert. Eine fürs Seelenheil empfiehlt der Pfarrer – und Petrus hält vor der Himmelstüre die Arme weit auf; oder eine für die Kindererziehung – und die Jungs und Mädels schauen fromm zum Papa auf. Na ja.

Ehrlich gesagt (und ich bin sicher, Ihnen geht es auch so): Auf die Art will ich es dann doch nicht. Das wäre zu einfach, und wenn ich mir – per Fernbedienung – die Welt nach eigenem Willen und Gusto gestaltete, wäre sie wahrscheinlich in kürzester Zeit langweilig, voller Wiederholungen, ohne Glanz und Kitzel (wie das gezappte Fernsehangebot, mit Verlaub). Auf den ersten Blick machen die Fernbedienungen es einem leicht: Du brauchst dich nicht mehr zu bücken, musst dir die Hände nicht schmutzig machen, kannst auf die Entfernung hin was verändern. Wer die Fernbedienung hat, der hat die Macht. Alles easy, alles im (Fern-)Griff.

Was das wirkliche Leben aber wirklich macht, das ist die Nähe zu den Menschen, Dingen, Themen. Da gibt es wohl manchmal Reibereien und Blessuren, wenn mir einer zu nahe kommt oder ich mich an einer Frage, einer Herausforderung stoße, dafür aber ist's lebendig, spannend, lehrreich, erregend, bereichernd: das Leben aus der Nähe. Selbst- und fern-bedienen kann ich es dann nicht mehr, aber erleben kann ich es, ich bleibe nicht Beobachter aus der Distanz. Wie Gott selbst übrigens, der seine Welt auch nicht fernbedienen will, als Schlachtenlenker oder hehrer Herrgott. Er liebt – und ist liebend näher dran, als sich das denken lässt. Die göttliche Empfehlung also: Weg mit den Fernbedienungen, Hände und Herzen aufmachen, nah dran sein!

Mein Gott, bitte hilf mir, dass ich das Leben nicht nur beobachte und an mir vorüberziehen lasse. Nein, ich will mich hineinbegeben, mitten hinein, und auskosten, was mir begegnet – aus deiner Liebe kommt es ja. Amen

Denn erstens kommt es anders ...

Erdbeeren, nicht wahr, die haben ja lustige Namen! Da gibt es Darlibelle und Elvira, Fiesta und Lambada, Mars (hört sich trocken an) und Pandora (wie kann man eine Erdbeere bloß »Pandora« nennen?). Senga Sengana klingt afrikanisch (so nach »Serengeti«, finde ich) und Serenata nach abendlichem Genuss, Polka ist hemdsärmelig und Mieze Schindler irgendwie zweideutig. Aber wie auch immer: Ob sie nun Rosella, Franzisca, Tango oder Bossa Nova heißen ... es gibt Jahre, da ist die Erdbeerernte ein Flop.

Dabei verlassen wir uns immer darauf! Meine Familie und ich (Erdbeerliebhaber allesamt) planen nämlich regelmäßig mit üppiger Ernte. Und kochen dann diese köstlichste aller Erdbeermarmeladen ein (um ehrlich zu sein: meine Frau kocht), die für ein Jahr reichen muss, bis zum nächsten Gang übers Feld (die Guten ins Töpfchen, die Besten ins Kröpfchen!). Manchmal aber ist es ein Totalausfall, die Früchte sind verregnet. Wir (also meine Frau ...) werden dann trotzig trotzdem einkochen, aber die Ausbeute wird gering. Tja, so ist das mit den Plänen: Denn erstens kommt es anders, und zweitens als man denkt.

Da könnt ich mich ja nun ein ganzes Jahr lang ärgern, über ausgefallene Ernten und etwas unaromatischeres Gsälz, wie die Marmelade bei uns im Badischen heißt, aber ich lass es bleiben. Denn – und das finde ich erheiternd und hoffnungsvoll – dass es anders kommt, als ich denke, das gilt auch im besten Fall: Es kann auch anders kommen, als ich fürchte! Das Leben ist für viele Überraschungen gut – auch für positive!

Es passiert schon manchmal (und Sie kennen das sicher auch): Da igle ich mich ein in meine Missstimmung, da verharre ich in meinem Schmerz und schick mich drein, dass ich vom Glückskuchen gar nichts abbekomme oder bloß das kleinste Stück. Dabei könnt es ganz anders sein, dabei mag doch schon hinter der nächsten Ecke ein Lachen warten, ein alltägliches Glück, eine Überraschung, die mich aus der Lethargie reißt. Wenn ich mich nur auftue dafür, wenn ich mich nur überraschen lassen will. Denn erstens kommt es besser, und zweitens als du dem Leben zutraust. Oder Gott zutraust. Der will nämlich, dass wir zu schmunzeln und zu lachen haben und dass wir zufrieden sind und getrost.

Verlassen Sie sich drauf: Da steht Ihnen noch viel Schönes bevor! Ich will mich dran erinnern, bei jedem Löffelchen Erdbeermarmelade (auf Dick-Butter-Brot oder mit Quark!), und halt die Augen auf. Sie auch!

Gott, bitte hilf mir, die Augen aufzuhalten und von dir etwas zu erwarten. Gib mir genug Neugierde, damit ich mich überraschen lasse. Ich bin gespannt, was du mich heute entdecken lässt! Amen

Sattel

Auf das Schutzblech könnte ich verzichten, auf die Lampe zur Not auch, dann muss ich eben tagsüber fahren. Auf den Fahrradsattel, auf einen guten Sattel zu verzichten – das geht nicht. Nur im Stehen zu fahren oder auf dem Oberrohr, wenn's eines gibt, das ist auf die Dauer nicht zu machen. Gut fährt, wer gut auf dem Sattel sitzt.

Aus dem Sattel geh ich ja nur, wenn ich muss, wenn die Steigung zu hochprozentig ist, wenn es nicht anders geht, oder Radrennfahrer tun es, wenn sie sich stark fühlen und der Konkurrenz davoneilen möchten. Anstrengend genug ist das. Otto Normalradfahrer bleibt lieber im Sattel, lässt sich tragen, das kostet nicht so viel Kraft und schont die Gelenke.

Voraussetzung, wie gesagt, ein guter Sattel; einer, der mich aushält, der mein Gewicht tragen kann, der mir passt und zu mir passt.

Wenn der Sattel nicht gut ist, dann reib ich mich wund, dann wird das Sitzen zur Qual. Wund gerieben hab ich mich schon manches Mal, wund gerieben am Leben, an seinen Untiefen und Herausforderungen, wund gerieben dabei, meinen Alltag zu bewältigen, meine Beziehungen zu erhalten, meine Träume zu leben, meiner Sehnsucht Raum zu geben. Wund gerieben hab ich mich schon manches Mal. Dann braucht es wohl einen neuen Sattel, einen verlässlichen.

Wir haben einen verlässlichen Gott. Es ist Verlass darauf, wenn er sagt: »Von allen Seiten umgebe ich dich, ich halte dich in meiner Hand, ich schütze dich, ich sehe deine Wege und gehe sie mit dir.« Es ist Verlass darauf. Darum kann ich meine Touren wagen, meine Lebenstouren; ich kann sie wagen, auch wenn ich nicht weiß, wohin sie führen, was das Ziel ist und wie lange sie dauern, auch wenn ich nicht weiß, ob die Strecke gemächlich über Ebenen geht, den Wind im Rücken, oder ob sie anstrengend wird, mit vielen Höhenmetern, gegen einen widrigen Sturm. Gott ist verlässlich, bei dem sitze ich gut, auf den kann ich setzen.

Aber (das im Unterschied zum Drahtesel): Bei Gott muss ich nicht sattelfest sein. Gott trägt mich auch, wenn ich an seiner Tragfähigkeit zweifle, auf ihn ist Verlass, auch wenn ich auf ihn nur mit Zweifeln, nur mit Kleinmut, nur verhalten setze. Wenn ich meinem Fahrradsattel nicht traue, sollte ich mir einen anderen besorgen, wenn ich Gott nicht zu glauben wage, trägt er mich trotzdem. Die Zusage, das Versprechen Gottes gilt in jedem Fall. Es ist eine Einladung, es ist das Angebot, Erfahrungen mit Gott zu machen, den Gottessattel auszuprobieren.

Und wir werden sehen, da sind wir sattelfest!

Ich setze auf dich, mein Gott, ich vertraue mich dir an, heute und jeden Tag. Und dann wage ich Schritt um Schritt, Strecke um Strecke – und ich bin zuversichtlich, ich werde dich entdecken dabei. Amen

Bei Gelegenheit

Warnung!

Passen Sie gut auf, bitte! Ich sag's ganz im Ernst und mit Nachdruck – ich warne ausdrücklich, und das ist kein Witz! Seien Sie vorsichtig, wagen Sie nicht zu viel, das könnte böse enden!

Also: Sollten Sie sich heute morgen überlegt haben, zum Gottesdienst zu gehen (gleich, welcher Konfession), lassen Sie's bloß bleiben! Sollten Sie sich nach langer Zeit mal wieder mit Gott beschäftigen wollen, in Gedanken oder im Gebet – lassen Sie die Finger davon! Und möchten Sie gar mal wieder in der Bibel lesen und nachschauen, wer dieser Jesus eigentlich war und ob er Ihnen was zu sagen hat – klappen Sie diese Brandschrift bloß wieder zu. Los, gleich ... na, das ging ja noch mal gut. Mensch, wie kann man nur so leichtsinnig sein! Wissen Sie denn nicht, wie gefährlich das ist?

Ja, da brauchen Sie gar nicht so fragend zu glotzen und so überrascht zu tun, das liegt doch auf der Hand, das weiß doch jedes Kind: Wer sich mit Gott einlässt, der bleibt nicht, wie er oder sie ist! Gott verändert. In der Bibel lese ich Geschichten, die mich treffen und bewegen können, im Gottesdienst höre ich Worte, die mich nicht in Ruhe lassen, und spüre ich eine Nähe, die mich aus der Gleichförmigkeit reißt. Und das ist anstrengend, denn dann kann ich nicht mehr gleichgültig durch meine Tage gehen, dann bekomme ich plötzlich

Aufgaben – zu lieben zum Beispiel, Versöhnung zu suchen, nach meinen Mitmenschen zu fragen –, oder ich werde aufs Wesentliche verwiesen, auf Lebenssinn und Trost; und auf einmal gebe ich mich nicht mehr mit weniger zufrieden als mit »Leben in Fülle« (Jesus) oder mit »Die Liebe höret niemals auf« (Paulus). Echt! Das wollen Sie doch nicht wirklich, dass Gott die wohl geübten Kreise stört und alles durcheinander bringt. Mag sein, das ist ein bisschen (Quatsch: ist viel) spannender, aber wer will das schon?

Wie? Sie wollen das? Sie wollen Leben in seiner Tiefe ausloten, wollen sich aufmachen und zu sich selber finden, Sie möchten Sinnvolles tun und Sinn erfahren, Sie möchten die Wände zwischen sich und anderen niederreißen und etwas bewegen? Gut, gut – tun Sie, was Sie nicht lassen können: Gehen Sie mit Gott. Aber sagen Sie nicht, ich hätte Sie nicht gewarnt! Viel Vergnügen auch!

Ich bin sicher, das werden Sie haben!

Ja, mein Gott, das will ich: mein Leben bereichern lassen, mich in der Tiefe annehmen und dich kennenlernen, mehr und mehr. Und ich will mich herausfordern lassen und Verantwortung übernehmen. Darum ... besuch ich dich mal wieder. Amen

Wir brauchen Worte

Heut schon gegoogelt? Oder die E-Mails gecheckt? Mach ich nicht, ich chill lieber! Oder sollte ich nicht doch meine Connections wieder auffrischen, vielleicht Party machen oder nachher noch ein wenig zum Nordic-Walken? Wenn die vom Call-Center nur nicht so nerven würden mit ihrem Flatrate-Angebot fürs Handy und fürs Internet ...

Merken Sie was? Englisch, Englisch überall, oder Denglisch, wie Kritiker zynisch meinen: Deutsch-Englisch, der große, üble Sprachverfall!

Ich persönlich sehe das nicht ganz so kritisch, aber manchmal geht es schon auf die Nerven, oder genauer: erschreckt es mich, wenn der Sprachschatz zum Schätzchen wird, und dann kaum noch Ausdrücke da sind für wesentliche Gefühle und Gedanken, wenn Menschen an sich selbst vorbeireden. Dann ist cool, was begeisternd sein könnte, dann bin ich ganz relaxed, statt zufrieden und ruhig, dann hab ich den Blues und leb nicht meine Traurigkeit aus. Aber, ehrlich gesagt, im Grund ist es völlig wurscht (saucages!), wie ich es ausdrücke, bloß stimmen muss es.

»Eure Rede aber sei: Ja, ja; nein; nein – alles andere ist vom Übel«, sagt Jesus, der Wortgewandte, der Erzähler und Redner vor dem Herrn, in der Bergpredigt. Ihm geht es um zweierlei: um die Wahrhaftigkeit zum einen: dass das, was ich sage, auch der Wirklichkeit entspricht, und zwar so, dass einer mich beim Wort nehmen kann, dass meine Worte nicht Schall und Rauch und in den Wind geblasen sind, sondern verlässlich. Und darum geht es zum anderen: dass ich Worte finde für das, was mich berührt und bewegt, für mein Glück und meine Wut, meine Lust und meine Schatten, meine Fragen und meine Gewissheiten. Und das ... ist gar nicht so leicht. Wenn es um Gefühle geht, um Trauer oder Begeisterung, dann sind wir um Worte gerne verlegen – und doch brauchen wir sie, um uns mitzuteilen. Weil geteilte Trauer halbe Trauer ist, weil geteiltes Glück sich ins Unendliche vermehrt, weil Liebe, die sich ausspricht, ans Herz des anderen rührt, weil Zorn, der sich Luft macht, verrauchen kann. Wir brauchen Worte, um Anteil zu geben und Anteil zu nehmen – egal, ob Denglisch, Deutsch oder Suaheli: Wir brauchen Worte, die treffend ausdrücken und geradeso treffend ankommen. Aber wie lernen wir die?

»Eure Rede sei!«, lässt sich Jesu Rat auch abkürzen. Wir lernen durch Reden, durchs Reden miteinander, immer und immer wieder. Versuchen Sie es nur: Reden Sie, mit Ihrem Partner, Ihren Kindern, Ihren Freundinnen und Freunden, dem Nachbarn, mit Gott und sich selbst – und Sie werden merken, wie Sie zusammenrücken, wörtlich. Cool!

Mein Gott, hilf mir, auf meine Worte zu achten, und darauf, woher sie kommen, ob sie gleichgültig dahergeredet sind oder aus dem Herzen fließen. Ich will bei dir in die Lehre gehen! Amen

Dankbarkeit

»Da nich' für!« Die Ostfriesen – ganz ohne Witz! – haben bemerkenswerte Sitten. Im Urlaub war ich dort (Insel Borkum – und Insulaner sind ja noch etwas bemerkenswerter!), und ich habe, auch wenn sich die Nordlichter durch eine eher herbe Höflichkeit auszeichnen, eine freundliche Wendung gelernt. Eine tiefsinnige dazu:

Frag ich einen Friesen nach dem Weg (was selbst auf Inseln manchmal nötig ist) oder lässt mir eine Friesin beim Fischkauf den Vortritt und sag ich dann artig und wohlerzogen, wie ich von Hause aus bin: »Danke sehr!«, dann antwortet das geneigte Nordlicht: »Da nich' für!« Beeindruckend! Bei uns würde es wohl heißen: »Keine Ursache!« (nett), oder: »Kein Problem!« (unschön, denn warum sollte Freundlichkeit überhaupt zum Problem werden?), oder: »Schon o.k.!« (herablassend, oder?). Klingt alles etwas unterkühlt und distanziert.

»Da nich' für!« öffnet dagegen Horizonte. Denn das heißt ja, dass die friesische Höflichkeit und norddeutsche Handreichung nicht nur nicht der Rede wert sind, sondern auch, dass es noch viel bessere Gründe zum Danken gibt: Da nich' für, für was aber dann?

Dafür vielleicht: dass ich bin, und dass ich bin, wie ich bin! »Ich danke dir, Gott, dass ich wunderbar gemacht bin; wunderbar sind deine Werke, das erkennt meine Seele« – ist im 139. Psalm zu lesen (mein Lieblings-Lieblings-Psalm, Empfehlung!). Dankbarkeit, so lerne ich es von den netten Ostfriesen – ganz im Ernst, Dankbarkeit ist nicht bloß eine flüchtig-freundliche Geste, sondern eine Lebenshaltung: Ich stehe mit offenen Händen da und weiß ganz gelassen: Es ist gut, dass ich da bin, dass es mich gibt. Ach was: nicht nur gut – wunderbar! Und ich weiß, dass ich empfangen werde, was ich brauche, was mich bewegt und beglückt. Mein Da- und Vorhanden-Sein selbst ist schon eine Gabe. Und meine Talente, meine Grenzen und Möglichkeiten, meine Stärken und meine Unzulänglichkeiten, die mir die Chance geben, andere um Hilfe zu bitten, mit anderen in Kontakt zu sein, die kommen noch dazu. Wirklich wunderbar und ermutigend!

»Da nich' für!«, sagen die Ostfriesen bescheiden fürs Alltägliche – und fürs ganz Grundlegende gilt: Dafür dann doch! Und diese Haltung macht dann auch das Alltägliche zum Schatz.

Mein Gott, ich danke dir! Mit offenen Händen, mit einem frohen Herzen, mit leuchtenden Augen. Ich danke für die täglichen Kleinigkeiten und die außergewöhnlichen Besonderheiten, für großes und für kleines Glück. Du hast mich wohl bedacht! Amen

Ein findiger Gott

Florian Silbereisen wird mich eher nicht zu Gesicht bekommen, und auch im Musikantenstadl bin ich nicht zuhaus. »Hoch auf dem gelben Wagen« bin ich nicht unterwegs, und die »Wildecker Herzbuben« und »Herzilein« gehören nicht zu meiner CD-Sammlung. Sie verstehen schon: Mit der Volksmusik hab ich's nicht so. Jedenfalls nicht mit dem, was sich heutzutage so nennt. Ein paar alte Lieder gibt es allerdings, die haben sich mir eingeprägt, mit denen kann ich etwas anfangen. Die ein wenig widerständige Hymne »Die Gedanken sind frei« zum Beispiel, oder dieses so nett beschauliche Liedlein »Kein schöner Land in dieser Zeit«. Gerade das – obwohl mir doch viel, sehr viel einfällt, warum wir »in dieser Zeit« nicht nur im »schöner Land« leben: Die Probleme, die unsere Gesellschaft hat, sehen wir Tag für Tag in den Medien und – wenn wir nur den Blick heben – auch in unseren eigenen Städten und Ortschaften, auf unseren eigenen Straßen. Viel Unschönes ist dabei.

Und doch: Das Lied hat eine sehr fromme Zeile. Diese: »... wo wir uns finden, wohl unter Linden ...«. Das »Finden« hat's mir angetan! Denn mit dem Finden ist es so einfach ja nicht. Der eine oder die andere findet seinen Lebenssinn nicht, so sehr er oder sie sich auch müht; oder die Lösung für den Streit, die richtige Entscheidung in der Krise werden nicht gefunden –

und manchmal fühlen wir uns durchaus verloren, aus dem Leben, den Beziehungen, aus allem Glück herausgefallen. Und das Allerschlimmste: dieses Gefühl, gar nicht gesucht zu werden.

Aber da können wir uns beruhigen ... Wir werden gesucht. Nicht per Steckbrief, aber aus Liebe. Gott macht sich auf, Gott sucht und findet uns, weil wir ihm das wert sind. Wir sind – was immer wir sind, was immer sich ereignet, wie verloren wir uns auch vorkommen – wir sind immer schon Gefundene. Und Gott findet uns, wie's Volksliedl sagt, Gott findet uns »wohl«, was im ursprünglichen Sinn ja heißt: gut, sehr gut. Was nicht nur bedeutet, dass Gott ein gutes Gespür hat für die, die er finden will (weil er ein findiger Gott ist), vielmehr auch, dass es uns wohl ergeht, dass es uns hervorragend geht also. Es fühlt sich nicht immer so an, stimmt in der Tiefe aber doch.

Kein schöner Leben in dieser Zeit als hier das unsre weit und breit, wo wir gefunden – alle Tage, alle Stunden, von einem Gott, der uns liebt.

Wenn ich mich verloren fühle, Gott, dann hilf mir zu spüren, dass ich gesucht und gefunden bin – und dass du mich nicht wieder loslässt, mich nicht wieder aus den Augen verlierst. Amen

Den Mund aufmachen!

Mein Zahnarzt – ehrlich gesagt: der sieht mich nicht so oft, wie er gerne möchte, aber wenn ... – mein Zahnarzt also, der hat ein Lieblingswort: »Weiter!« Ich vermute (während der Sitzungen fällt's mir aus verständlichen Gründen immer schwer, ihn danach zu fragen), er meint den Mund: Den Mund soll ich weiter aufmachen, damit er besser arbeiten kann. Recht hat er, und ein weiser Rat ist das auch.

Wer's Maul nicht aufmacht, mit dem ist schlecht arbeiten. Das gilt in der Zahnarztpraxis, und in der Lebenspraxis auch. Wie schwer ist es tatsächlich, mit Menschen zusammenzuleben, die den Mund nicht auftun, die nicht sagen, was Sache ist, die ihre Fragen nicht stellen, ihre Kritik nicht formulieren, die nur hinter vorgehaltener Hand reden, die mit ihrer Meinung, ihrer Befindlichkeit, ihren Sorgen und Anliegen hinterm Berg halten! »Mensch, mach doch's Maul auf!«, denk ich manchmal, wenn einer was von mir wollte, aber erwartet hat, dass ich das selber merke. »Komm, sag doch was!«, möchte ich werben, wenn ich spüre, da liegt einem was auf der Zunge, aber er wagt nicht, es auszusprechen. Das macht das Miteinander-Leben und Miteinander-Arbeiten nicht eben leicht.

Wenn ich es richtig sehe, dann hat Jesus nie ein Blatt vor den Mund genommen. Er hat geschimpft und gelobt, geklagt und gelacht, getröstet und gemahnt. Und das hat er den Menschen gegenüber getan, und Gott gegenüber auch. Gerade Gott gegenüber! Von Jesus kann ich das lernen: Wenn ich was zu meckern und zu maulen hab, wenn ich was auf dem Herzen oder zu viel auf der Schulter trage, dann mach ich den Mund auf, dann sag ich's Gott. Der hört's und nimmt sich meiner an.

Und für meine Mitmenschen bin ich glaubwürdig, wenn ich wahrhaftig bin, wenn ich – wie es in der Bibel schon ganz drastisch heißt – aus meinem Herzen keine Mördergrube mache. Wir tun uns gegenseitig sicher einen großen Gefallen, wenn wir – mit Jesus – lieber ein paar Worte zu viel sagen als die entscheidenden zu wenig. Mitmenschlichkeit braucht das Gespräch. Darum ist ja auch Jesus nicht erhaben-schweigend durch die Lande gezogen, sondern hat Gespräche gesucht, auf den Marktplätzen, in den Synagogen, wo immer es ging. Und es geht oft – und Leben gelingt, ganz oft, wenn ich nur den Mund aufmache.

Da wünsch ich Ihnen beredte Tage!

Gott, ich kann dir alles sagen, ich muss mit nichts hinter dem Berg halten: mit meinem Zorn nicht, nicht mit meinen Verletzungen, du hörst mein Lachen und mein Glück. Danke! Amen

Gegen den Hunger

Rennradler fürchten ihn, Marathonläufer wahrscheinlich auch, ich hab ihn erfahren bei meiner ersten Ausfahrt in der jungen Saison: den »Hungerast«. Nein, das hat nichts mit Botanik zu tun, nichts mit dürren Baumenden, was bei der derzeitigen Witterung ja naheläge. Da geht's um die Leistungsfähigkeit. Ich bin Rennrad gefahren, endlich mal wieder eine große Runde, aber ich hatte nichts zu essen dabei. Es war schon etwas warm. Und der unfreundliche Gegenwind blies mir ins Gesicht. Ich bekam Hunger, mächtigen Hunger, aber hatte keine Banane im Rucksack, kein Geld in der Trikottasche. Und plötzlich war er da, der Hungerast. Eine Zeitlang geht's noch gut, aber auf einmal ist alle Kraft fort, jede Pedalumdrehung fällt schwer, gegen den Wind anzufahren wird zur Qual. Ich war überrascht, wie leer ich mich fühlen kann, wie ausgelaugt und schwach.

Hungerast. Ich kenne Menschen (keine Läufer, keine Radler), die leiden daran auch. Und sie leiden sehr. Am seelischen Hungerast, wenn ausbleibt, wonach das Herz hungert und darbt: Verzweifelte, die Perspektiven brauchen; Sterbende, denen es an Hoffnung fehlt; Menschen in ihren Beziehungskrisen; Menschen, die an sich zweifeln; Menschen, die aufbrechen und Antworten suchen – aber sie finden sie nicht. Den seelischen Hungerast kennen Sie vielleicht auch, und seine

Wirkung: wenn die Puste ausgeht, wenn das Herz eng wird, wenn mich Müdigkeit überfällt, Lebens-Müdigkeit …

Gegen Hunger hilft Brot, gegen Seelenhunger Lebensbrot. Es ist nicht nur eine poetische Floskel, wenn Jesus sagt: »Ich bin das Brot des Lebens. Wer zu mir kommt, den wird nicht hungern.« Er sagt das nicht einfach wohlfeil dahin, denn er hat unseren Hunger gekostet, und die Bitternis, nach der Hunger schmeckt. Keinen Hungerast der Seele, des Leibes, den Jesus nicht kennt, keine Hitze, kein Gegenwind, unter denen er nicht auch schon gelitten hat. Das Brot, das er anbietet, das er ist, das ist wirklich nahrhaft. Nichts braucht eine hungernde Seele mehr als Liebe, Aufmerksamkeit, Zuwendung. In Jesus zeigt Gott sich als der Liebende, der nicht von unserer Seite weicht. Auf großen Runden nicht, beim Lebensmarathon nicht, und nicht auf den kurzen, schweren Strecken des Alltags.

Mein Gott, mich hungert, und meine Kraft nimmt ab. Ich fürchte manchmal, diese Lebensstrecke nicht zu schaffen. Gott, mach mich satt mit deiner Nähe, speise mich mit deiner Liebe, damit ich wieder mutig ausschreiten kann. Amen

Gottes Thema

In meinem Beruf, dem pastoralen Geschäft, da bin ich auf die Hilfe vieler anderer dringend angewiesen: Kein Gottesdienst, kein Fest, keine Veranstaltung, ohne dass viele Hände sich dafür regen, viele Herzen engagiert daran beteiligt sind. Eine Gemeinde mit ihren Aktivitäten ist ein großes Geben und Nehmen – ich weiß das sehr zu schätzen. So geht's im wirklichen Leben eben auch zu: Niemand ist eine Insel (lautet ein afrikanisches Sprichwort) – und was immer wir tun und brauchen, unternehmen und bleiben lassen, irgendwie sind immer andere mit dabei: Familie und Freunde, der Bäcker, der's tägliche Brot bäckt, der Mechaniker, der mein Auto am Laufen hält, der Arbeiter, der produziert, der Zeitungsausträger, ohne den ich nicht auf dem neuesten Stand wäre ... Die Reihe ist lang!

Da ist's gute Übung, dankbar zu sein, denn ab und zu wird es nötig, dass ich um Hilfe bitte: »Könntest du mal ...?« – »Aber gerne!« – »Danke!« – »Bitte!« Aber – um ganz ehrlich zu sein – manchmal bleibt mir die Dankbarkeit im Halse stecken. Da hör ich, wenn ich mich bedanke, Sätze, die ich höchst irritierend finde: »Das war echt nett!« (sag ich) – und der freundliche Zeitgenosse: »Kein Problem!« oder: »Kein Thema!« oder: »Schon recht!« Ja (frag ich mich), ist es denn ein Unrecht, etwas zu erbitten, oder ist eine Bitte ein Problem? Und am schlimmsten: Ist meine Frage tatsächlich kein Thema? Aber wie komm ich bei dem anderen dann vor? Hat er mich tatsächlich im Blick, hat er wirklich Interesse an mir, oder ist alles – bin ich – eher nebensächlich, braucht nicht thematisiert zu werden?

Okay – so ist es wohl nicht gemeint. Aber: gut, drauf zu achten, was ich sage. In jedem Fall: Das sind Sätze, die Sie von Gott nicht hören werden! »Kein Thema!« – im Gegenteil! Für Gott sind wir Thema, und wie: Wir sind sein Thema schlechthin – und keine Problemkinder oder unrecht, sondern die, die er liebt. Es ist sein großes Vergnügen, uns zur Seite zu stehen. »Er hat Lust zu mir«, singt der alte König David einmal – wir sind Gottes Leidenschaft, wir lassen ihn nicht kühl (oder cool). »Kein Problem« gibt's daher nicht bei ihm, weil er unsere Probleme ernst nimmt und uns gerne – liebend gerne – begleitet, berät und bewahrt. »Dankeschön!« – »Aber gerne!«

Ich danke dir, mein Gott, für deine große Aufmerksamkeit, mit der du mich bedenkst und beachtest. Weil ich weiß, dass du mich wert hältst, dass du mir leidenschaftlich zugewandt bist, darum muss ich mich nicht sorgen. Amen

Graue Haare

Zum Friseur gehe ich immer ganz regelmäßig – genau dann nämlich, wenn meine Frau sagt: »Thomas, es ist mal wieder soweit.« Es muss schon eine rechte Matte sein und ich muss schon kaum mehr darunter hervorschauen können, bis ich mal selber auf die Idee komme. Und gehe ich dann zum Figaro, erhalte ich bisweilen die seltsamsten Angebote: Ob man auch meinen Bart etwas schneiden solle (was ich doch selber tu!), ob die Augenbrauen nicht besser mal zu kürzen seien (Hände weg von meinen Augenbrauen!), und – was mich am meisten irritiert – ob meine grauen Haare nicht gefärbt werden sollten? Was, diese meine schönen, wohlverdienten grauen Haare?! Ich weiß nicht, welche Eitelkeiten manche Zeitgenossen männlichen Geschlechts reiten, aber meine grauen Haare bleiben, was sie sind: grau, redlich erworben, ehrlicher Ausdruck meines Lebensalters. So ist das, so bleibt das. Basta!

Da liegt nämlich eine Verheißung drauf. In einem wunderbaren Satz aus dem Jesaja-Buch verspricht Gott: Ich bin derselbe, so alt ihr auch werdet – bis ihr grau werdet, will ich euch tragen! Sagt Gott, der die grauen Schläfen offensichtlich schätzt.

Um von ihm getragen und anerkannt zu sein, braucht es kein Haarefärben. Und brauche ich nicht schönzutun, muss ich mich nicht verstellen und nicht so tun als ob. Als ob ich jemand Besonderes wäre, auf der Höhe der Zeit und mitten im Leben, als ob mich das Leben nicht gezeichnet hätte und als ob mir über diesem Ärger und jener Sorge nicht manches graue Haare gewachsen wäre.

Wie ich bin (wie Sie sind), bin ich geworden (sind Sie geworden), durch Lachen und Weinen hindurch, durch Haareraufen und Schläfenerbleichen hindurch. Und genau so bin ich (sind Sie) getragen von Gott und geachtet bei Gott. Mir macht diese Verheißung das gute Gefühl, mich ein wenig zurücklehnen zu dürfen (wie beim Coiffeur zum Haarewaschen) und getrost in eine Zukunft schauen zu können, die mein Haupthaar wohl nicht mehr altblond oder braun werden lässt, in der ich mich aber getragen wissen darf von dem, der alle meine Haare gezählt hat auf meinem Haupt. So genau, sagt Jesus, kennt Gott uns, und so fürsorglich nahe ist er.

Gott, du kennst meine Lebensgeschichte, weißt, was mich geprägt, verletzt, gezeichnet und gestärkt hat. Und zu keiner Zeit bin ich ohne dich gewesen. So weichst du mir auch in Zukunft nicht von der Seite! Amen

Kommen Sie gut an!

Dass es den »aktuellsten Verkehrsservice im Land« gibt (der Südwestrundfunk behauptet, den zu senden), mag ja ein Segen sein – aber ich habe selten was davon. Entweder ich stehe in der Küche beim Zwiebelschneiden, wenn ich ihn höre, oder: im Stau. Und dann weiß ich zwar, wie viele Kilometer lang die Schlange vor mir noch ist (und das will ich gar nicht wissen) oder wie lang die hinter mir (und da atme ich höchstens etwas auf, dass ich doch schon ein paar Meter geschafft habe). So aktuell sie also sind, die Meldungen von der Straße, so richtig brauchen kann ich sie nicht. Habe ich jedenfalls immer gedacht. Welch ein Irrtum! Dieser Tage habe ich mal genauer hingehört – und siehe da (oder höre da!), die Verkehrsmeldungen sind lebensnäher und lebensweiser, als ich vermutet habe.

Es ist doch auch faszinierend! Nach Ansagen wie: »Auf der A 5 zwischen Rastatt-Süd und Bühl sechs Kilometer Stau wegen einer ungeräumten Unfallstelle« oder: »Achtung, das Stauende liegt hinter einer Kurve« oder: »Stockender Verkehr vor der Ausfahrt Achern« heißt es irgendwie doch tröstlich: »Wo immer Sie gerade sind – kommen Sie gut an Ihr Ziel.« Da fühl ich mich gut verstanden!

Denn dass es bisweilen (und viel zu oft) nur stockend vorangeht, das kenne ich von meinen Lebensstraßen auch. Manchmal fühle ich mich wie auf der Autobahn:

Zuerst geht alles glatt und ich komme gut vom Fleck, hier und da überhole ich sogar – und plötzlich gibt es einen Unfall. Den ich selbst erleide oder andere, die mir nahe sind, die auf derselben Straße unterwegs sind. Und dann geht es nur noch im Schritt- oder Schneckentempo, und wenn es ganz schlimm kommt, gibt es: den Stau. Keine Bewegung mehr, hoffnungsloser, verzagter Stillstand, und keine Ahnung, wann es wieder voran geht, wann die Müdigkeit verfliegt, die Trauer getröstet wird, die Energie wiederkommt. Aber dann, aus heiterem Himmel eine wohlklingende Stimme, mitten in die Lähmung hinein: »Kommen Sie gut an Ihr Ziel.«

Das heißt doch: Es gibt ein Ziel, und der da spricht, der ist – im Unterschied zu mir – zuversichtlich, dass ich ankomme. Wenn ich nicht wüsste, dass Gott sich (in der Regel) nicht per Rundfunk meldet, ich würde glatt behaupten, dass er bisweilen den Verkehrsservice spricht. Denn um ans Ziel (meines Lebens) zu kommen, vertraue ich mich am besten ihm an: Befiehl dem Herrn deine Wege und hoffe auf ihn, er wird's wohlmachen. Heißt es in einem Psalm – einer frühen Verkehrsmeldung aus Zeiten, da es das Radio noch nicht gab, die ihre Gültigkeit nicht verloren hat. Kommen Sie gut an!

Du kennst einen Weg, wenn ich vor Mauern stehe, du regst dich, wenn bei mir alles zum Stillstand kommt, du hast ein Ziel für mich, wenn ich den Horizont nicht mehr sehe. Gott, öffne mir die Augen dafür, bring mich in Bewegung. Amen

Lebensregeln

»Der Januar muss krachen, soll der Frühling lachen.«
Da hätten wir ja, bei eiseskalter Witterung jedenfalls,
echte Chancen! Und wer sagt das? Die Bauernregel! Als
der städtisch herangewachsene Zeitgenosse, der ich
bin, gänzlich ohne bäuerliche Vorfahren und höchstens mal im Urlaub mit Wohl und Wehe der Wet-
terlage konfrontiert, kenne ich davon wenige bis gar
keine, beachte ich sie auch nicht – denn eigentlich
vertraue ich ja schon der Wettervorhersage von Sven
Plöger & Co kaum. Aber Bauernregeln haben etwas
Faszinierendes.

»April, April, der macht, was er will« (also die
kannte ich nun tatsächlich doch) – das hab ich auch
schon erlebt. »Die erste Liebe und der Mai gehen selten
ohne Frost vorbei« – das klingt schon fast weisheitlich.
»Oktober rau, Januar flau« – kommt so einfach daher,
dass es wohl wahr sein muss. »Baumblüt im November
gar, noch nie ein gutes Zeichen war« – das kann man
sich ja vorstellen. »Bauer sucht Frau« – können Sie
vergessen, das ist keine Bauernregel!

Was mir an Bauernregeln gefällt: Sie künden nicht
mit tiefem Geraune große Ereignisse an, sie prophe-
zeien nicht, behaupten nicht breitbrüstig die Weisheit
und Wahrheit schlechthin. Nein, sie behalten im besten Sinne ihre Bodenhaftung, sie geben Erfahrungen
weiter, zum Teil jahrhunderte-, jahrtausendalte.

Bauer war er keiner, auch wenn er in einer durch und durch von der Landwirtschaft bestimmten Zeit und Umwelt lebte; Zimmermann war er: Jesus, und gewiss einer mit Bodenhaftung und Lebenserfahrung. Regeln hatte er auch: Lebensregeln, Regeln für ein gelingendes Leben. Und auch er sprach nicht geheimnisvoll und im düster-dräuenden Bass, sondern frank und frei heraus, er erzählte Geschichten aus dem Alltag der Menschen, um seine Lebensregeln verständlich zu machen; er versprach nicht das Blaue vom Himmel herunter und prophezeite nicht das Allerbeste für den St. Nimmerleinstag. Er hatte das Leben hier und heute im Blick: »Seht die Lilien, seht die Vögel. Sie säen nicht, sie ernten nicht, und Gott ernährt sie doch. Drum sorgt euch nicht!«

Wie Bauernregeln, so sind solche Sätze gesättigt mit Erfahrung, mit Gotteserfahrung. Sie entstammen nicht dem frommen Wunsch und der rosaroten Einbildung, sie wachsen aus dem »echten Leben«, dem Er-Leben eines Gottes, der mit uns und für uns da ist.

Noch so eine schöne Erkenntnis: »Wer nur nach dem Himmel sieht, fällt leicht mit der Nase auf die Erde.« Ob Bauernregeln stimmen, erweist die Wirklichkeit; das ist bei Jesus nicht anders. Versuchen Sie's mal mit den Jesus-Lebensregeln – Sie werden staunen.

Deine Lebensregeln, mein Gott, will ich mir zu eigen machen, damit ich getrost lebe, im Vertrauen auf deine Gegenwart und deine Zuwendung. Gib mir die Weisheit, mich auf dich zu verlassen. Amen

Schulanfang

(Achtung, es wird emotional!) Jetzt sind sie alle drin: die Erstklässler in ihren Grundschulen (von denen wir wissen, dass sie erstklassig sind) und die Fünftklässler in ihren Gymnasien, Haupt- und Realschulen (von denen wir wissen, dass sie weiterführen). Was für Übergänge – und was nun alles anders wird und neu! Für die Schülerinnen und Schüler ändern sich die Lehrergesichter, es gibt andere Rhythmen (O Manno, wir müssen jetzt eine Dreiviertelstunde früher aufstehen!), oder der Rhythmus einer Schulstunde muss überhaupt erst geübt werden. Still sitzen (schwer genug), zuhören, Hausaufgaben (muss halt sein) – alles ist neu oder mehr.

Unser Ältester geht jetzt aufs Gymnasium, und das Vaterherz bewegt eine reiche Mischung an Gefühlen: Stolz und Achtung vor seiner Leistung, etwas Furcht, weil der Schulweg nun weiter ist und ich ihn noch mehr aus der Hand geben muss, die Hoffnung, dass er gut gewählt hat und gute Lehrerinnen und Lehrer trifft, die Gewissheit, dass wir das alles letztlich nicht im Griff haben.

Und was bedeutet es für die Kinder erst, welche Herausforderung: Neue Freunde sind zu gewinnen, Welten aus Buchstaben und Zahlen erschließen sich, sie beginnen, für sich selbst verantwortlich zu werden. Ich stehe immer wieder staunend vor der Lern- und Lebensleistung, die Kinder erbringen, im Vergleich dazu bleib ich

Erwachsener weit zurück. Übergänge – bewegende, spannende, etwas beängstigende und hoffnungsfrohe Übergänge. Die hoffentlich nicht zu Krisen werden.

Was die Kinder jetzt auch lernen werden, im Religionsunterricht: Gott ist ein Gott der Übergänge, ein Gott, der mitgeht: mit Abraham ins »Land, das ich dir zeigen werde«, mit seinem Volk ins Gelobte Land, mit Jesus vom Kreuz ins Leben.

Da haben die Kinder einen guten Freund an der Seite, wenn sie nun in ihren Schulen anfangen – und wir auch, bei all unseren Übergängen, die es alltäglich gibt, bei unseren Krisen, die sich überraschender einstellen können, als wir wünschen. Einen Freund, der die Unsicherheiten, die leichte Furcht kennt, der ermutigt, der seine Menschen – große und kleine – auf ihren Wegen bewahrt.

Also: mutig anfangen (mit der Schule und sonst was) und ordentlich neugierig sein! Da warten wunderbare Entdeckungen!

Geh mit mir, Gott, geh mit mir und begleite mich, wenn ich mich auf neues Terrain wagen muss, wenn ich die Strecke, die vor mir liegt, nicht kenne. Weil ich dich an meiner Seite weiß, fürchte ich mich nicht. Amen

Brandheiß

Mensch, hab ich mir den Gaumen verbrannt – an der Lasagne (»Lasagna pastorale«, eigene, pfarramtliche Kreation, sehr lecker!), gestern, frisch aus dem Ofen, und weil ich die so gern esse und leider nicht sehr geduldig bin ... hab ich mir den Gaumen verbrannt, ich kann die Blase noch spüren.

Morgen oder übermorgen wird sie weg sein – andere Brandblasen halten länger und schmerzen anderswo, nicht am Gaumen, aber im Herzen. Ich hab mir auch schon mal das Maul verbrannt, weil ich irgendeinem die Wahrheit ins Gesicht gesagt habe, weil ich mich für eine Überzeugung eingesetzt habe oder jemanden verteidigen wollte, gegen Ungerechtigkeit oder Nachrede. Aber die Gesprächspartner haben's nicht goutiert (anders als die Lasagne). Ziemlich schnell bist du dann abgeschrieben, ein Kauz oder Nestbeschmutzer. Das kennen Sie sicher auch, und auch den Schmerz, den es bereitet, geschnitten zu werden; und die ohnmächtige Wut, für etwas oder jemanden eingetreten zu sein, aber: Undank ist der Welt Lohn.

Und was lerne ich daraus? Na ja: Gebranntes Kind scheut das Feuer – also schweige ich künftig lieber, beiße mir lieber auf die Zunge als in den sauren Apfel, verbrenne mir lieber nicht das Maul?

Das wäre nur zu verständlich. Richtig wäre es nicht. Jesus – einer, der sich das Maul verbrannt hat, wie's im

Buch steht, einer, der mit seiner Meinung nicht hinterm Berg hielt – der hat (da, auf dem Berg, bei der Bergpredigt) gefordert: »Eure Rede aber sei: Ja, ja; nein, nein. Was darüber ist, das ist vom Übel!« Jesus spricht von klaren Ansagen, verlässlichen Zusagen, verbindlichen Aussagen; von der Rede, die die Wahrheit liebt, von Worten, die der Wahrheit verhaftet sind: Wahrhaftigkeit – wir wissen, wie gut die täte, in der Politik in Stadt und Land genauso wie in Familien und unter Freunden. Die täte auch dann noch gut, wenn die Gefahr groß ist, sich das Maul zu verbrennen, denn die Unwahrhaftigkeit ist erst so richtig vom Übel, die wird schnell zum Flächenbrand und lässt von Vertrauen und Offenheit bald nur noch Asche zurück.

Also übe ich mich lieber weiter im Maulverbrennen; mit der Zeit wirst du auch weniger empfindlich an den Lippen und am Herzen. Dem geht es am Ende sogar besser dabei, denn die Wahrheit wird von der Liebe erwärmt und brennt darum gelinde.

Gott, es fordert schon etwas Mut von mir, wahrhaftig zu bleiben. Ich gehe ein Wagnis ein. Gib mir die Kraft dazu, das Durchhaltevermögen – und lass mich ab und an sehen, dass es sich lohnt. Amen

Durchblick

Na, dass bei mir ja wohl alles klar sei und dass ich voll den Durchblick hätte, keinen Schlag »oder so«, meinte der etwas zu freundliche, gerade noch nicht aufdringliche junge Mann vor dem Einkaufszentrum, als ich kauflustig aus dem Auto stieg. Zuerst habe ich gar nicht begriffen, was er von mir will, aber als er auf das Schild einige Parkplätze weiter deutete, war's klar. Der nette Zeitgenosse war vom »Glasdoktor« und auf Werbetour. Das kennen Sie bestimmt: Die haben so eine Paste, die kleine Risse, Steinschläge beseitigt, damit die Windschutzscheibe nicht irgendwann und ohne Vorwarnung bricht. Und die wollen sie halt an den Mann und an die Frau bringen. Das ist ihr Job.

Er ist gleich wieder abgezogen, als ich (ebenso freundlich) zustimmte und sein Anliegen, mir trotzdem etwas zu verkaufen, mit verbindlichem Lächeln verneinte. Ich war nicht sein Kunde: kein Riss, kein Schlag, den vollen Durchblick.

Aber stimmt's denn? Ja, beim Auto schon, aber sonst?

Na, oft genug geht mir der Durchblick verloren. Weil meine Tage dunkel sind oder so neblig, dass ich die Hand vor Augen nicht sehe. Weil mir Tränen in den Augen stehen oder ich nur das sehe, was gerade vor mir liegt und steht – ohne Überblick, ohne Durchblick.

Und Risse in der Optik gibt es durchaus, wenn eine Verletzung mir den Blick trübt oder wenn ich einen

Schlag abbekommen habe, einen Schicksalsschlag oder einen unter die Gürtellinie. Selbst, wenn ich noch mal mit blauem Auge davongekommen bin, schaue ich mich gut um, bevor ich wieder etwas wage – und das macht den Horizont klein und eng.

Gibt's dann auch einen »Glasdoktor«, einen Arzt für die getrübte Optik, einen, der Tränen trocknet und mutlose Blicke heilen kann? Den gibt es, und zwar einen, der nicht aufdringlich nach dem rechten Durchblick fragt, der nicht herablassend freundlich meine Sicht zurechtrückt, der nicht »oder so« mal und »gerade mal so« heilt, sondern der genau mich meint. Gott weiß, was mir einen Schlag versetzt hat und welchen Knick ich in der Optik habe. Und geht liebevoll darauf ein. Nicht, um mir was zu verkaufen (keine Weisheit, keine Kirche, keine Moral), sondern weil er mich im Auge hat. Mich persönlich, den Lebenslustigen, der manchmal den Durchblick nicht hat.

Also: Sie natürlich auch. Wer Augentrost im Sortiment hat, wendet sich an jede und jeden. Lassen Sie sich ruhig ansprechen!

Mein Gott, wenn ich es nicht überblicke, wenn mein Leben zu verworren ist und ich nicht weiß, wo und wie es weitergehen soll – dann heile meinen Blick und hilf mir, zu erahnen, wo du wirkst mir zugute. Amen

Eigenlob

Dass Eigenlob stinke, das ist (schön, dass Wortspiele manchmal so nahe liegen) nichts als ein Gerücht. Stimmt gar nicht: Eigenlob duftet. Es duftet edel, köstlich, göttlich geradezu. Eigenlob ist Ehrensache! Denn: Wer sich selbst lobt, lobt Gott.

Bevor Sie sich allzu sehr wundern: Das ist nicht auf meinem Mist gewachsen (dann hätte es eben doch ein Gerüchle) – die Bibel selber sagt's! Im 139. Psalm (mein allerliebster Lieblingspsalm), der dem David, diesem Dichter auf dem Königsthron, zugeschrieben wird, heißt es in einem Vers: »Ich danke dir dafür, dass ich wunderbar gemacht bin, wunderbar sind deine Werke.«

Das müssen Sie sich auf der Zunge zergehen lassen, das müssen Sie mit dem Herzen hören. Ich – und du – und Sie: wunderbar gemacht! Kurz gesagt: Wir schulden Gott unser Eigenlob.

Klar, die kenne ich auch und ich kann sie genauso wenig leiden: die eitlen Selbstdarsteller, die sich in die Brust werfen, die so maßlos überzeugt sind von sich selbst; die nach Anerkennung heischen und Egoisten sind, wie sie in üblen Büchern stehen. Die »Supertalente«, »Next Topmodels« und DSDS-Püppchen und (noch schlimmer) deren Juroren. Die loben sich auch, aber sind doch nur reich und schön und Sternchen, indem sie vom Urteil anderer abhängig sind – und genau das, aber nicht sich selber suchen.

Das Wunder, das wir sind, jede und jeder von uns, das hat seinen Wert in sich selbst. Wir sind wunderbar geschaffen, noch vor allem Fremd- und Selbsturteil, egal, was andere Schnödes oder Schönes reden über uns. Gott hat uns so gemacht – darum loben wir ihn, wenn wir entdecken und leben, was schön ist an uns, was unvergleichlich und bezaubernd ist.

Also: Lassen Sie's mal gelten! Sie sind wunderbar! Jede und jeder auf seine ganz eigene Art, seine Eigenart (Gott ist nämlich viel zu phantasievoll, um alle über einen Kamm zu scheren): Die eine hat strahlende Augen, der andere einen sonoren Bass; die hat Geschichten voller Weisheit zu erzählen, der schreibt Gedichte; sie kann berückend singen, er ist ein Handwerker vor dem Herrn; diese hat ein weites, stilles Herz, jener packt entscheidungsfreudig zu und bewegt etwas.

Schauen Sie sich doch mal in Ruhe an – es gibt so viel Wunderbares zu entdecken, ja, an Ihnen, gerade an Ihnen! Freuen Sie sich daran, leben Sie's und loben Sie's: vor sich selbst und vor Gott, der Sie so wundervoll gemacht hat.

Eigenlob duftet! Ein wenig nach Paradies, finde ich.

Hilf mir, mein Gott, mich selbst zu achten und zu entdecken, wie viel Schönheit und Würde du mir mitgegeben hast. Ich danke dir dafür, Gott, ich lobe dich für deine liebevolle Phantasie. Amen

Nütze den Tag!

8,43 € habe ich schon mal zur Seite gelegt, aber jetzt fehlen mir noch eine Million neunhundertneunund-neunzigtausend-neunhunderteinundneunzig Euro und siebenundfuffzig Cent – für die zwei Millionen, die ich brauch, um ins Weltall zu fliegen. Das kostet es gerade, hab ich gelesen (oder waren's Dollar, dann wär's ja günstiger!). Ich fürchte, das wird in diesem Leben nichts mehr. Die Reise auf die Fidji-Inseln liegt auch in weiter Ferne, mit dem Gelben Trikot bei der Tour klappt's auch nicht, da fehlen mir die Trainingski-lometer, die Sponsoren und die Medikamente; für den Literaturnobelpreis mangelt's an Berühmtheit. Also: Nix wird's, Träume sind Schäume, Wolkenschlösser regnen ab, die tiefen Wünsche werden nicht in Erfül-lung gehen.

Frustrierend, was? Sie haben sicher auch Ihre Le-bensträume, Ihre heimlichen (oder unheimlichen) Wünsche, die – sagt der miesepetrige, gesunde Men-schenverstand – nach menschlichem Ermessen Wün-sche bleiben werden: die Audienz beim Papst, einmal in New York, Shake-Hands mit George Clooney, ein-mal noch den Eiffelturm sehen, oder (weniger spaßig und schmerzlich ersehnt): einmal noch ein paar Stun-den ohne Atemnot und Herzleiden, wieder richtig la-chen können, den Sohn noch um Verzeihung bitten, die Mutter nochmal sprechen ...

Wünsche, die ich belächle, Wünsche, um dich ich weine. Ist das alles bloß in den Wind gerufen, keiner da, der hört, der die Sehnsucht hört, die hinter den Wünschen steckt, die Hoffnung auf Heilung, neue Erfahrungen, auf etwas Glück?

Gut, auf die Schwerelosigkeit da oben kann ich zur Not verzichten, aber auf Hilfe aus der schweren Not nicht. Aber: Das verlangt auch keiner! Keiner verlangt, dass ich verzichte auf Träume, Wünsche, Sehnsüchte – die machen mich weit und aufmerksam. Aufmerksam für das, was mir alltäglich gegeben ist. »Kauft die Zeit aus«, rät Paulus einmal, oder anders gesagt (lateinisch – ich bin ja ein gebildeter Theologe!): Carpe diem! Nütze den Tag, pflücke im Garten deines heutigen Tages, was dir gegeben ist; schau auf den Reichtum, den du hast, nicht auf das, was dir fehlt.

Paulus empfiehlt den Perspektivenwechsel.

Manche Erfüllung liegt auf der Hand, steht mir vor Augen – ich hab bloß darüber hinweggesehen. Bis heute.

Erschließe mir diesen Tag, mein Gott. Ich will all die Antworten hören, die du hineinlegst – die Antworten auf meine Träume, meine Hoffnungen und Wünsche. Du bist ja aufmerksam! Amen

Raus bist du noch lange nicht ...

»Ehne, mehne, dubbe-dehne, dubb-dehne dalia, ebbe-bebbe bambio, bio, bio, buff.« Der war mein Favorit, ganz konkurrenzlos, diesen Abzählreim hab ich geliebt. Er ist nämlich ganz unverfänglich, ein lustiges Lautspiel ... und vor allem: Er konfrontiert einen nicht gleich mit den harten Tatsachen.

Das tun andere sehr brutal: »1 – 2 – 3 – 4 – 5 – 6 – 7, eine alte Frau kocht Rüben, eine alte Frau kocht Speck, und du bist weg!«, oder: »Ich und du, Müllers Kuh, Müllers Esel, das bist du!« Ganz gemein (der ist sprachlich schon so hart, der hatte meinen ganzen Hass): »Ehne, mehne, muh, und raus bist du; ehne, mehne, meck, und du bist weg!«

Raussein, wegsein, die harte Tatsache: Das geht schneller, als du denkst. Da braucht es nur das falsche Label auf dem T-Shirt, eine kleine, persönliche Eigenart, den anderen Musikgeschmack, die eigenen Vorlieben. Alles, was mich unterscheidet von den vielen, vom Main-Stream, von dem, was en vogue ist, alles das birgt die Gefahr, mich abseits zu stellen. Und plötzlich bin ich weg – out. Manche, mancher erfährt das sehr schmerzhaft, auf dem Schulhof, am Arbeitsplatz, in der eigenen Familie – und vom Kopfschütteln und Belächeln bis zum Mobbing ist der Weg nicht weit. »Raus bist du« – das kann sehr weh tun.

Und keiner, der seinen eigenen Weg geht, der unverwechselbar lebt, der nach sich sucht und hier und da gefunden hat, ist gefeit davor, abgetan zu werden: Eigenbrötler, Spinner, seltsamer Typ.

Gut, dass wir aus Gottes Aufmerksamkeit nicht herausfallen; gut, dass er uns gerade so will: eigen-artig, persönlich und mit Profil, sperrig bisweilen, selbstständig. Als je ganz besondere Menschen hat er uns geschaffen, da wünscht er sich nichts mehr, als dass wir genau das werden und sind: Menschen mit Besonderheiten, die sich selber kennen und lieben, die sich ihrer selbst bewusst sind und ihr eigenes Leben leben, auch gegen den allgemeinen Geschmack, gegen die Gewohnheit und gegen das, was »man« so tut und lässt.

»Von allen Seiten umgibst du mich«, weiß der alte König David (wahrlich kein Allerweltsmensch, kein Angepasster!) in Psalm 139 zu singen. Im Bild: Wenn Gott mich umgibt, bin ich mittendrin: mitten in seiner Zuwendung, mitten in seiner Aufmerksamkeit und Achtsamkeit; und da fällt niemand heraus. Bei Gott ist jede, jeder gut angesehen. »Raus bist du noch lange nicht ...« – noch lange nicht und nie. »Ehne, mehne, muh, und drin bist du; ehne, mehne, meck, und niemals weg!«

Ich bin erleichtert, mein Gott, dass ich bei dir nicht herausfallen kann, aus deiner Liebe nicht, nicht aus deiner Achtsamkeit. So kann ich es wagen, ich selbst zu sein. Amen

Überraschung!

Immer donnerstags studiere ich meine Fernsehzeitung. Die liegt dem bewährten Tagblatt bei und ist willkommen (spar ich schon mal das Geld für die »Hör weg« oder den »Dingdong« und wie sie alle heißen!). »Studieren« stimmt wirklich: Ich schaue gerne fern, auch wenn ich recht selten die Zeit dazu habe (vielleicht auch deshalb?), aber ich will wenigstens wissen, was ich verpasse, und manchmal ist überraschend doch die Gelegenheit für meine Lieblingsserie (verrat ich nicht, oder höchstens eine Andeutung: »Beam me up, Scotty«) und den Radsport-Event (der Giro und die Tour sind nicht wegzudenken) ... und der »Tatort« ist eh Pflicht!

Bisweilen aber nervt das Fernsehzeitungsstudium ungemein. Da gibt es dreieinhalbtausend Kanäle – und trotzdem bloß: Wiederholungen, Wiederholungen, Wiederholungen. Manche Sender scheinen sich darauf spezialisiert zu haben. Irgendwie haben man und frau das Allermeiste schon mal gesehen – aber offensichtlich kommt's an. Immer und immer wieder »die besten Filme aller Zeiten« (was – aufs Ganze gesehen – so lange ja eigentlich noch nicht ist).

Wiederholungen machen sich gut. Vielleicht liegt das daran, dass sich viele Menschen gar nicht gerne überraschen lassen. Mir geht das im Grunde auch so: Die gute alte Serie (verrat ich nicht, s.o.) kann ich tausendmal sehen; und ich ziehe sonst auch das Vertraute dem Befremdlichen vor. Die ausgetretenen, verlässlichen Wege, die bekannten Leute, die eingeübte Sprache, die gute Gewohnheit, die bewährten Gesten und die berechenbaren Gesprächspartner – da fühl ich mich zuhause, da geh ich keine Risiken ein, da muss ich mich nicht ändern.

Aber (großes ABER!): Wer sich nicht wandelt, der verpasst das Leben! Leben ist nicht beständig und einförmig, sondern wechselhaft und vielfältig – das hat der so gewollt, der es schuf, Gott, der selber für Überraschungen gut ist. Gott will uns neugierig, dass ich – neben der Fernsehzeitung – das Leben studiere und entdecke, wie voll und bunt und reich es ist. Und mir begegnet Niegesehenes, Berückendes, Bezauberndes, ich werde überrascht von Schönheit, Größe, Liebe. In der Tat: Es ist ein Wagnis, neugierig zu sein und sich auf den überraschenden Gott und seine Welt einzulassen: Ich bleib nicht, wie ich bin. Aber (noch größeres ABER!!): Ich bin dann auch keine Wiederholung mehr!

Gott, überrasche mich – ich will mich überraschen lassen. Ich will nicht zufrieden sein mit dem, was ich glaube und ahne und manchmal auch zu wissen vermeine. Überrasche mich und mach mich weit. Amen

Wie ein Kind

Sommergewitter – als Kind hab ich sie geliebt. Wenn es so richtig gekracht hat, stand ich am offenen Fenster und hab mitgejubelt, jeder Blitz ein Lachen, jeder Donnerschlag ein Jauchzen! Und anschließend bin ich barfuß über den regennassen, warm-dampfenden Asphalt gegangen, hab ich in den Pfützen getobt (zum Glück hatte meine Mutter Humor!). Oder ich bin mit dem Rad (Bonanza! Bananensattel! Fuchsschwanz am Lenker! Das waren Teile!) über Schanzen gesprungen, bin auf Bäume geklettert und hab den Tarzan gegeben (am Ur-Schrei hab ich lange geübt!).

Von dem, vom Tarzan, ist heute nur noch der muskulöse Oberkörper geblieben (Räusper!), aber sonst ist sie weg: diese herrliche kindliche Unbefangenheit. Heute hat die Vorsicht das Sagen, die Sorge, die Bedenklichkeit und manchmal gar die nackte Angst ... um die eigenen Kinder zumal.

Schade drum. Das Leben fühlte sich damals so viel leichter an, im wahrsten Sinne: unbeschwert. Wortwörtlich unbefangen, nicht getrübt und getrieben von den vielen Gefangenschaften, in denen Menschen stecken können: Einsamkeit, Verdruss, Langeweile und Lebensunlust oder die Sucht. Schade drum, denn unbeschwert und unbefangen soll das Leben doch sein, das uns zugedacht ist. »Wenn ihr nicht werdet wie die Kinder ...«, mahnte Jesus einmal, als er unbeschwert unter dem schattigen Baum saß und ein paar Stunden Ruhe genoss. »Kinder Gottes seid ihr!«, hat Paulus ergänzt.

Gut hingehört! Wir sind es – und wir können werden, können zur Entfaltung bringen und aufblühen lassen, was in uns steckt! Und wie? Ich glaube, das ist gar nicht so schwer. Wenn ich schon (noch) Kind bin, dann muss ich es wohl nur zulassen: das Kind im Manne, das Kind in der Frau. Ich kenne solche Kinder-Momente durchaus, Momente kindlichen Staunens: der Ausblick vom Berg, der mir den Atem raubt; die zärtliche Umarmung, der innige Kuss; der zauberhafte Gesang des ersten Vogels am Morgen, der Gang in der Abendkühle, das herzhafte Lachen mit einem Freund. Momente der Unbefangenheit – denen spüre ich nach, die lasse ich weiterklingen ... und schon fängt das Kind, das in mir wohnt, zu lächeln an, schon reckt es die Arme und nimmt es sich Raum.

Gott, Vater und Mutter, ich bin dein Kind – und wie ein Kind will ich dieses Leben leben, immer wieder einmal. Sorglos und befreit – auch wenn ich weiß, dass zur Sorge Anlass wäre. Lass sie schweigen, für ein paar Momente. Amen

Beim Namen gerufen

Wetten, das kennen Sie auch? Eine Begegnung in der Fußgängerzone: Schon von Weitem steuert einer auf mich zu. Ich bin etwas überrascht, aber halt höflich. Er: »Mensch, Thomas, altes Haus, du hier? Wie geht's dir denn?« Ich: »Ach ja, ähm ... hallo! Ja, doch, ordentlich, muss ja, hähä.« (Und Hüstel!) Er: »Ja sag mal, du tust grad so, als würdest du mich nicht kennen? Ich bin's doch, der Bastian, weißt du nicht mehr, damals, 11. Klasse, und im Volleyball, jetzt sag mal?« Ich – bleibe höflich, wenn er's behauptet, werde ich einen Bastian wohl gekannt haben; aber erinnern kann ich mich beim besten Willen nicht. Peinlich, was?

Ich bin wirklich nicht gut mit Namen (wer mich kennt, wird es schon ab und zu erlitten haben), viel besser mit Gesichtern, aber auch da nicht wirklich toll: Mir ist es tatsächlich passiert, dass ich mich einer Frau, mit der ich tags zuvor im Kindergarten Kasperle-Theater für die Kleinen aufgeführt habe, am folgenden Tag, als ich sie zufällig traf, wieder vorgestellt habe: »Hallo, Weiß mein Name, ich bin der Pfarrer hier!« – »Ja, ähm, hallo Thomas, ich mein' ... gestern ... waren wir noch per Du und haben die Kinder zum Lachen gebracht!?« Ich muss tief-tief-rot geworden sein.

Inzwischen hab ich gelernt, einfach tausend Mal nach dem Namen zu fragen und mich immer neu zu entschuldigen, wenn's mit dem Namensgedächtnis dann doch wieder klemmt. Und inzwischen glauben mir die allermeisten wohl auch, dass es nichts mit Missachtung oder Menschen-Unfreundlichkeit zu tun hat, wenn ich mir Namen merken kann, wie ein Sieb Wasser behält. Bei allem Bemühen, allem Training, es ist mir nicht gegeben (Telefonnummern und Straßennamen übrigens auch nicht).

Mit Menschen-Freundlichkeit hat es allerdings zu tun, dass sich Gott unsere Namen so gut merkt. »Fürchte dich nicht – ich habe dich bei deinem Namen gerufen!«, heißt es einmal beim Propheten Jesaja, und das ist für uns gesagt. Also: Auch wenn der Pfarrer manchmal Gedächtnislücken hat, aus Gottes Aufmerksamkeit fallen wir nicht heraus. Er hat uns im Gedächtnis, er hat uns im Blick. Und er kennt unsere Namen nicht nur, er ruft uns auch damit: Er ruft uns hinein in seine Zuwendung, er ruft uns heraus aus allem, was uns das Leben eng und anstrengend macht. Er ruft uns – und dann sind wir keine Namenlosen mehr, keine Menschen ohne Gesicht. Nein, jede und jeder von uns gilt vor ihm besonders.

Dann ist's vielleicht auch nicht so schlimm, wenn ich auf der Straße mal nicht erkannt werde (oder erkenne), das lässt sich schnell klären, mit einem Lächeln und einem freundlichen Blick. In einem großen Lächeln und einem liebevollen Blick sind wir bei Gott zuhaus.

Danke, mein Gott, dass ich aus deinem Gedächtnis nicht herausfalle, dass du dir meinen Namen merkst. Ich bin nicht vergessen! Wann immer mich die Einsamkeit bedrängt, halte ich mich fest daran. Amen

Am Set

Dieser Tage war ich beim Film, also: Nicht, dass ich – oscarverdächtig – gedreht hätte, aber meine Schwester, die ist Maskenbildnerin und macht gerade einen Film (hat mit Fußball zu tun und wilden Kerlen, aber mehr darf ich nicht verraten). Und da hat sie mich eingeladen, mal »ans Set« zu kommen, weil ich doch so neugierig bin. Das »Set«, das ist der Drehort, der Schauplatz des zu filmenden Geschehens. Ziemlich hektisch geht es da zu, um ein paar Meter Film gibt es ein großes Gelaufe. Es war faszinierend, Schauspieler, Regisseur, Tonmeister, Maske und Requisite bei der Arbeit zu sehen. Was mich aber am meisten beeindruckt hat, das war, wie oft eine Szene gedreht werden musste, um »im Kasten« zu sein. Stellprobe, Drehprobe, noch mal Probe, Klappe die erste, die zweite, die dritte – bis alles stimmt, bis die Sache perfekt ist.

So geht's im wahren Leben nicht zu. Da hab ich kaum Chancen auf Wiederholung, wenn was nicht richtig geklappt hat. Die gescheiterte Beziehung hole ich nicht wieder ein; die zerbrochene Freundschaft kann vielleicht neu beginnen, repariert werden kann sie nicht; das Leben, das im Tod verloren geht, kann nicht nachträglich verbessert, geheilt werden – Schnitt und neuer Versuch, das gibt es im wirklichen Leben nicht. Und ein Drehbuch gibt es auch keines. Wir leben jeden Augenblick einmalig, unwiederbringlich. »Kostet die Zeit aus!«, sagt die Bibel mal: Lebt bewusst, denn was ihr jetzt lebt, lebt ihr nur einmal.

Das klingt nach Stress, nach filmreifer Hektik, nach großem Gelaufe, um auf der Jagd nach Leben bloß nichts zu verpassen.

Ich kann es auch anders sehen: Das Einmalige ist – lebendiger! Auch eine Set-Erfahrung: wie langweilig es werden kann, die immer gleiche Szene zu spielen, wie nervtötend Perfektion ist, und wie anstrengend für alle Beteiligten. Lieber weniger vollkommen, dafür lebendig und köstlich. Im wahren Leben klappt nicht alles, und wiederholen kann ich nichts, aber es ist spannender als der beste Film. Wenn ich's nur auskoste und neugierig bin. Proben kann ich es nicht, dafür hab ich es gleich im Kasten: live!

Ich will es auskosten, mein Gott, und will jedem Tag seine Besonderheit abgewinnen. Hilf mir, aufmerksam zu sein und etwas von dir zu erwarten. Ich weiß, du enttäuschst mich nicht! Amen

Bei Bedarf

Die erotischste Stimme im bundesdeutschen Bahn-verkehr hören Sie – da halte ich jede Wette – aus den Lautsprechern der Höllentalbahn (zwischen Freiburg und Titisee-Neustadt). Die Ansagen (»Hinterzarten-Posthalde« oder »Freiburg-Wiehre«) gehen mit ih-rem Timbre und dem Schmelz dieser melodischen, badisch-männlichen (!) Stimme unter die Haut ... das müssen Sie mal gehört haben. Als ich von Freiburg fortzog, hab ich den gelegentlichen Trommelfellkitzel durchaus vermisst.

Ein Glück also, dass die »wildromantische« (so der Ansagetext beim Verlassen des Rastatter Bahnhofs) Murgtalbahn da auch was zu bieten hat. Diesmal eine eingängige Frauenstimme, die mich jedes Mal aufs Neue nachdenklich macht: »Gaggenau-Hörden. Der Zug hält nur bei Bedarf!« »Bei Bedarf« – sie spricht es auf der letzten Silbe betont, mit einem langen »a« (ob das so recht ist, mögen die berufenen Sprachwissen-schaftler entscheiden!), das gibt dem ganzen Satz eine besondere Bedeutung.

»Bei Bedarf« – immer frage ich mich: Habe ich ge-nügend Bedarf, darf ich es mir also herausnehmen, dass die ganze S-Bahn nur wegen meiner Wenigkeit, wegen meiner Bedürfnisse stoppen muss und ein paar Sekunden auf dem Weg verliert? Erlaubt mir das meine Bedürfnislage?

Aber ganz im Ernst: Ich frage mich das auch manchmal im Blick auf Gott: Ist mein Gottesbedarf bisweilen wirklich so groß, dass ich ihn anrufen und herbeizitieren dürfte? Sind meine Anliegen so wichtig, dass er sich darum kümmern müsste? Sollte ich nicht lieber fromm und bedürfnislos in meiner Lebensecke bleiben, ein stiller Zeitgenosse und demütiger Christ, der ihm keine Scherereien macht und ihn nicht von den großen Geschäften ablenkt?

Doch nur keine falsche Bescheidenheit: Wenn Gott sagt, dass er um uns Sorge trägt, dass er Acht hat auf uns (und er sagt es: in der Bibel, seitenweise), dann fordert er uns geradezu dazu auf, unseren Bedarf anzumelden, unsere Bedürfnisse zu äußern (und sei es lautstark), und wenn es nötig ist, sogar rabiat die Notbremse zu ziehen. Gott hält inne »bei Bedarf«, Gott wendet sich mir zu, egal, wie viel Zeit es braucht und ob es um große oder kleine Anliegen, Bedürftigkeiten geht.

Bedarf anmelden – das heißt in der biblischen Sprache: beten. Aber nicht zurückhaltend und kleinlaut ist das gemeint, sondern selbstbewusst und »bei Bedarf« mit gehobener Stimme (Timbre und Betonung egal!).

Großen Bedarf habe ich, mein Gott, ich bedarf deiner. Ich brauche deinen Zuspruch, deine Ermutigung, deine Wegweisung und deinen strengen Blick auch manchmal. Ich brauche dich – und du bist für mich da! Amen

Fremdsprachen

»Ja, ähm, also ... je ne comprends pas!« – Meine Güte, es war eine Katastrophe, und irgendwie peinlich obendrein. Meine alte Französischlehrerin – seligen Angedenkens – hätte wieder die Stirne kraus gezogen (darin war sie unverwechselbar) und nicht ohne Schadenfreude zu bemerken gewusst: »Thomas, ich hab's dir immer gesagt: Lern anständig parler français, du wirst es noch brauchen.« Ja, jetzt weiß ich's auch! Aber irgendwie ein bisschen zu spät, muss ich gestehen. Wissen Sie: Roger war da. Roger, der Partnerschüler meines jüngsten Sohnes, er hat mit uns zu Mittag gegessen – und weil ich der Einzige in der Familie bin, in dessen Schulzeugnis steht, er habe mal Französisch gelernt (über die Noten sei geschwiegen – Sie ahnen es ja eh), musste ich ran. Beim Mittagessen ... sechzig lange Minuten Konversation, mir stand der Schweiß schon vorher auf der Stirn. Und Roger ist ein sehr netter, aufgeschlossener Kerl: Er plapperte los, als sei er daheim, redete über dies und das ... und ich hab schier nichts verstanden.

Wie das wohl bei Gott ist? Ich stelle mir vor, da brechen täglich, stündlich, sekündlich abertausende Gebete über ihn herein – und jeder Beter, jede Beterin hofft darauf, gehört zu werden. Das geht wohl nur, indem Gott alle Sprachen spricht und versteht. Sechseinhalbtausend sollen das sein, weltweit – eine ganze Menge, und weil er schon ein paar zehntausend Jahre hört, kommen die alten, längst vergessenen Sprachen (Französisch ist da nicht dabei, seufz!) noch dazu. Liegt's daran, dass er manchmal so unerträglich schweigt: weil er gerade mit anderen Zungen und Idiomen beschäftigt ist?

Nein, Gott hört, und er hört vor allem auf eine Sprache, die von allen Menschen zu allen Zeiten gesprochen wird – auf die Sprache des Herzens. Was im Herzen lacht oder klagt, weint oder jubiliert, das kommt bei Gott an, und er nimmt es auch dann noch wahr, wenn es mir vor Schmerz die Sprache verschlägt oder mir vor Glück die Worte versagen. Die Herzenssprache sprechen wir alle, lauschen Sie nur mal in sich hinein, die steht Ihnen auch zu Gebote. Und das ganz ohne Vokabellernen und streng blickende Lehrerinnen. Und ich muss auch nicht erst das Große Latinum haben oder 'ne Eins in Französisch, um ihn antworten zu hören, leise und fein, herzlich eben.

Also bin ich doch etwas beruhigt, was meine Fremdsprachenkenntnisse angeht – das Wesentliche kann ich aussprechen – und es wird gehört. Compris?!

Du hörst mich, Gott, selbst wenn ich mir selber unverständlich geworden bin. Du kannst mein Stammeln und gar mein Schweigen entziffern. Danke, dass ich mich bei dir verstanden wissen darf. Amen

Gute Freunde

»Gute Freunde kann niemand trennen, gute Freunde sind nie allein!« Jah mei, der Franzl, heut Fußballkaiser, damals noch smarter Kicker und Hobby-Schlagerstar. 1966 war das und sicher kein Ruhmesblatt seiner vielfarbigen Karriere. Aber sei's drum – wo er recht hat, hat er recht: »Gute Freunde sind nie allein, weil sie eines im Leben können: füreinander da zu sein!« Das ist grammatikalisch nicht ganz richtig, aber stimmt im wahren Leben, wenn »gute Freunde« wirklich »gute« sind.

Und: Was sind wirklich gute Freunde?

Das sind wohl nicht die Kumpels, mit denen ich mal ein Bier trinken geh oder mit denen ich die Leidenschaft für einen Fußballverein teile – auch nicht die »elf Freunde« auf dem Platz, die selten genug freundschaftliche Gefühle hegen. Es sind wohl auch nicht die, mit denen ich mich gut verstehe, weil wir ähnlich »ticken«, gleiche Interessen, den gleichen Musikgeschmack oder dieselbe politische Gesinnung haben.

Meiner Erfahrung nach – Sie mögen andere Erfahrungen haben, aber ich glaube, es ist was dran – zeichnen sich gute Freunde durch drei Eigenschaften aus: Treue, Verlässlichkeit und Wahrhaftigkeit. Eigenschaften, die ich sehr schätze – und die mir gar nicht immer recht sind. Denn: Ein wirklich guter Freund, das ist der, der mir bisweilen genau das sagt, was ich nicht hören will. Wenn ich mich verrannt habe, wäscht er mir den

Kopf; wenn ich alle Hilfe und jeden Ratschlag in den Wind schlage, bleibt er doch dabei und lässt mich nicht einfach in die Irre laufen; wenn ich mich selber belüge, hat er deutliche Worte für mich. Einer, der so treu ist und verlässlich, dass er mich nicht verlässt, wenn ich fehl gehe, einer, der mir wahrhaftig ins Angesicht sagt, was er nicht richtig findet: Das ist ein guter Freund.

Sie ahnen schon, was jetzt kommt: Gott, der ist solch ein guter Freund. Aber das ist kein wohlfeiles geistliches Klischee, das ist Erfahrung. Darum kommt die Bibel ja manchmal so hart daher, darum hat sie deutliche Worte; darum stehe ich vor mancher Herausforderung des Lebens, die prüft, wie ehrlich ich bin mit mir selbst und anderen; darum regt sich mein Gewissen ab und an und lässt sich nicht beruhigen. Ich habe das erst mal gar nicht gerne, und bin am Ende doch heilfroh (im wahrsten Sinne des Wortes), dass Gott so hartnäckig geblieben ist. Denn was würde ich alles versäumen, wenn's bloß nach meinem Kopf ginge; wie würde ich mich verlieren, wenn ich nur immer mich selber suchte; wie viel Liebe würde ich verpassen, wenn mir Gott nicht immer wieder die Augen öffnete für die Menschen um mich her?

Gott sei Dank haben wir Gott zum Freund – und Gott sei Dank lässt der nicht locker. Stimmt halt: »Gute Freunde kann niemand trennen ...«

Mein Freund, rüttle und zerre ruhig an mir, wenn es nötig ist, wenn ich den Weg verliere und auf dich und

*mich nicht mehr achte. Ertrage meinen Zorn für einen
Moment – und dann werde ich dir sehr dankbar sein.
Amen*

Witzig

»Was haben Lehrer und Wolken gemein? Wenn sie sich verziehen, kann der Tag noch schön werden!« Ich musste schon laut lachen, als ich das hörte (und nix für ungut: Ich unterrichte ja auch). Mein Ältester hat es mir vorgelesen; er hat sich dieser Tage ein Buch gekauft, in dem sich solche Bonmots finden: ein Buch voller Schülerwitze und Scherzfragen. Jetzt kommt er dauernd an, mit einem Schmunzeln im Gesicht und dem Schalk im Nacken, und präsentiert seine lustigsten Entdeckungen. (Georg will Lehrer werden und darf zum ersten Mal selbst eine Stunde halten. »Und, welchen Eindruck hatten Sie von der Klasse?«, erkundigt sich nachher der Direktor. Georg: »Nun ja, wenn die Schüler in den vorderen Bänken so leise wären, wie die Schüler in den mittleren ihre Comic-Hefte lesen, dann könnten die Kinder in den hinteren Bänken ungestört weiterschlafen.«)

Ich höre ihm gerne zu und lache noch viel lieber mit; schon, weil ich mir selber Witze und Anekdoten überhaupt nicht merken kann.

Ein Witz ist etwas Wunderbares, vor allem, wenn der Witzerzähler und Scherzkeks seine Lebenswelt aufs Korn nimmt: Die, die ihn ärgern, überzieht er mit Spott (das tut der Seele gut) – und schon ist der Ärger leichter zu ertragen. Und die, die er schätzt, würdigt er seines Humors (und nun dürfen Sie es sich aussuchen, ob Lehrer zur ersten oder zur zweiten Sorte gehören).

Humor ist ein Gottesgeschenk, und ich sehe – auch wenn die Bibel davon nicht ausdrücklich erzählt – Jesus lachen, oft, ganz, ganz oft. Auf der Hochzeit in Kana wird er nicht blasiert herumgestanden haben; auf den Wanderungen wird er gewiss nicht über Flora und Fauna doziert haben; und wenn er abends mit den Freunden Brot aß und Wein trank, haben sie – das wette ich – Witze gerissen über Rom, die High Society in Jerusalem und über einander (Der erfolglose Mittelstürmer steht im Himmel vor Petrus. Fragt ihn der ganz erstaunt: »Wie hast du denn das Tor gefunden?«) Schenkelklopfen und Lachsalven wird es gegeben haben. Selig die, die lachen können! Und zwar von Herzen, dass der Bauch weh tut und die Lachmuskeln schmerzen.

Die hat uns der Schöpfer ja wohl auch gegeben, damit wir sie nutzen – und weil der Teufel bei der Schöpfung außen vor war, muss das Gelächter göttlichen Ursprungs sein. Also lobt der seinen Schöpfer nicht, der miesepetrig durch die Tage geht.

Segne mich mit Humor, damit ich nicht alles ganz todernst nehmen muss – und gib mir auch etwas zu lachen, mein Gott. Und lass mich hören, wie dein Lachen hell durch die Schöpfung klingt. Amen

Muggels

Den Harry Potter habe ich gelesen, selbstverständlich, vom ersten bis zum siebten Band. Immer meinen Söhnen hinterher habe ich gelesen – damit ich weiß, was sie beschäftigt, und – ehrlich gesagt – weil ich die Ereignisse um Hogwarts inzwischen auch spannend finde. Wer mich besonders fasziniert, das ist nicht »Du-weißt-schon-wer« oder Hagrid, nicht Dumbledore oder Hermine, das sind die Muggels.

Muggels, das sind Leute wie du und ich, sind solche, die nicht zaubern können, die ahnungslos durchs biedere Menschenleben gehen und nicht einmal merken, dass es neben und mitten unter ihnen Zauberer und Hexen gibt, eine ganze zauberhafte Welt. Und ganz arm dran ist ein Squib, das sind die Söhne und Töchter von Magiern, die aber selber nicht zaubern können. Grausames Schicksal! Da schmeckt einem das beste Butterbier nicht und die Zauberbohnen mit Popelgeschmack zergehen dir nicht auf der Zunge.

Ach ja! Alles Fantasie? Nein, leider nicht. Muggels gibt es haufenweise, Leute eben wie du und ich, die den Zauber der Welt nicht spüren und begreifen, die unachtsam vorübergehen an all der magischen Schönheit, dem bezaubernden Reichtum, der unglaublichen Vielfalt, die Mensch und Natur ausmachen. Gott hat eine Welt geschaffen, die birst und blüht, lacht und jubiliert vor Pracht und Anmut, Klängen und Farben.

Nur achten wir wenig darauf – und diese Unachtsamkeit macht, dass Mensch und Natur gefährdet sind, dass Tiere aussterben, Regenwälder schwinden, das Klima sich wandelt, der Regen sauer und die Bäume kahler werden.

Das muss nicht so sein. Vielleicht lernen wir von Harry was? Er hat etwas Zeit gebraucht, um zu merken, was in ihm steckt und wie der dunkle Lord besiegt werden kann. Nehmen wir uns doch auch etwas Zeit, ein paar Augenblicke, etwas Muße, und schauen wir doch auch mal nach, was in uns steckt, zu wie viel Rücksichtnahme und Achtsamkeit wir in Wahrheit fähig sind – und besiegen wir damit den »Du-weißt-schon-wer«, der in jedem steckt und sagt: »Ich bin mir selbst genug« und: »Nach mir die Sintflut.«

Muggels können nicht zaubern (behaupten die in Hogwarts jedenfalls), aber bezaubern lassen können sie sich ganz gewiss. Beeindruckt von der Schönheit, dem Zauber der Welt, will ich sie auch erhalten wissen. Und achtsam zu leben – das ist kein Hexenwerk!

Schöpferischer Gott, nimm mich hinein in den Zauber deiner Welt, damit ich mich beeindrucken lasse, damit ich staunen lerne. Denn was ich bestaune, das achte ich auch. Amen

Sich fühlen

Für Ortsnamen hab ich ein Faible. Es gibt so wunderbare, bedeutungsvolle und überraschende, erstaunliche und sprechende Ortsnamen, wenn es ging, würde ich sie sammeln. Und wüsste dann gerne, woher sie kommen, welche Geschichte sie haben und welche Geschichten sie erzählen, was die Leute dachten, die ihr Dorf, ihre Stadt, ihren Weiler gerade so nannten.

Auf Eiderstedt zum Beispiel, in Schleswig-Holstein, da liegt der kleine Ort namens »Welt« (Männer und Frauen von Welt kommen da her!), und ein paar Kilometer nebendran: »Witzwort« (klasse!). Nicht so gerne wohnte ich in »Motzen« (im Süden Berlins), in »Hauendorf« oder »Schlage« (aua!). In »Hinterwald« leben Hinterwäldler, und »Irrhausen« lädt auch nicht wirklich ein. Wohl leben lässt sich's gewiss in »Wohlgemut«, in »Wimmer« vielleicht nicht.

Einen kleinen badischen Ort gibt es, der hat es mir besonders angetan: In der Nähe von Stockach beim Bodensee liegt »Mahlspüren«. Ist das nicht herrlich? Ob nun das Essen gemeint ist oder der Augenblick, solch einen Ort wünschte ich mir, zum Hinfahren und Mal-Spüren: mal spüren, wie schön sich Leben anfühlt; mich mal selber spüren, meinen Leib, meine Seele; mal spüren, wie's tobt in mir oder wie ich ruhig werde; mal spüren, wer wirklich zu mir gehört, auf wen ich mich verlassen kann, wer mich liebt.

Ich wünsch mir diesen Ort, weil es gar nicht so leicht ist, sich selbst zu spüren. Da zerrt so viel an mir, da verletzt mich vieles, da rempeln mich die Leute an oder schneiden mich, da schreit es mir in die Ohren und nimmt mir den Atem. Das Gefühl für mich selbst geht rasch verloren und dann bin ich hin- und hergerissen und finde mich in Lärm und Chaos nicht wieder. Dann bräuchte ich eine Auszeit, Urlaub in »Mahlspüren«, um – im wahrsten Sinn des Wortes – wieder zu mir zu kommen.

»Gott hilft denen, die ein zerschlagenes Gemüt haben; er ist denen nahe, deren Herz zerbrochen ist«, weiß einer im 34. Psalm. Einen Ort auf der Landkarte zum Mal-Spüren gibt es wohl nicht, aber einen Platz in Gottes Herzen, einen Kur-Ort in der Aufmerksamkeit Gottes. Da kann ich hin, Urlaub machen, mich selber wieder finden, weil ich umfangen bin von seiner Liebe zu mir.

Und kehr ich von dort zurück, dann nach »Glückstadt«, nach »Liebenau« oder »Freudenheim«!

Mein Gott, bitte schenke mir ein Gefühl für mich selbst, damit ich mich nicht aus den Augen verliere. Du liebst mich, das ist mir Grund genug, um mich auf den Weg zu mir selbst zu machen. Amen

Tour de Vie

Allez! Allez! Jetzt rollen sie wieder, sprinten, klettern, machen die Pace und fürchten den Besenwagen: die Wasserträger, Kapitäne, Bergziegen und Klassementfahrer, die Pedaleure der Tour de France. In Abwandlung eines sportlichen Werbeslogans: Jetzt hat der Juli wieder einen Sinn! Tatsächlich: Für mich – eingefleischter Radsportfan – sind die drei Wochen des »Grand Boucle« Feierzeit; wenn ich nur irgend kann, schaue ich mir die Fernsehübertragungen an, liebe ich und leide ich mit, suche ich mir meine Favoriten. Gern würde ich Zabel noch mal in Grün sehen (aber der fährt ja nicht mehr), und Jens Voigt soll eine Etappe gewinnen. Tour de France – ich bin ein Fan!

Dabei müsste mir das doch peinlich sein, oder? Darum: Ein paar Gedanken zum Thema Doping. Wie, Doping? Gähn! Können Sie das überhaupt noch hören? Tun die doch alle (sagen manche), ist doch alles schon gesagt ... und ob Lance und Ulle am Ende doch noch alles gestehen müssen, das interessiert dann auch kaum noch einen. Alles gesagt – glaub ich nicht.

Ich habe mir selbst noch nichts sagen lassen, ich habe mir mein ganz persönliches Doping noch nicht eingestanden. Und damit meine ich nicht den Traubenzucker vor der 15-prozentigen Rampe oder »Red Bull« (Verleiht Flüüüüügel!) nach den ersten hundert Kilometern. Damit meine ich den Versuch, meine

Grenzen nicht wahrhaben zu wollen, nicht anzuerkennen, dass meine Möglichkeiten endlich sind.

Doping will die Grenzen verschieben. Da weiß eine ihren Alltag nicht zu bewältigen und sucht den Kick, lebt von Event zu Event; da ist einer seiner Beziehungen überdrüssig und sucht das Abenteuer; hier entgrenzt sich einer (scheinbar) in Spiel-, Computer-, Trunksucht; hier traut eine dem Althergebrachten nicht mehr und erweitert (vermeintlich) ihren Horizont mit Horoskop und Esoterik. Das ist Grenzverschiebung, das ist Doping der anderen Art. Und führt leicht dahin, dass manche ihre »Tour de Vie« erst gar nicht schaffen und in den Besenwagen müssen vor der Zeit.

Hände weg vom Lebensdoping – und lernen, mit der eigenen Begrenztheit zu leben. Nicht Eigenblut(-doping), sondern: Eigen-Mut! Mut zu mir selbst! »Ich will dich, ich lieb dich, wie du bist!«, sagt Gott zu. Ob im Kräfte raubenden Einzelzeitfahren oder am Berg, auf der langen Etappe oder bei rasanter Abfahrt, topfit oder mit Hungerast – Gott fragt nicht nach der Leistung, er liebt einfach nur und liebt genau den, der ich bin. Da brauch ich meine Grenzen nicht zu fürchten, sie machen mich unverwechselbar!

Das »Maillot jaune« für die Eigenmutigen! Und Gott steht am Wegesrand und jubelt – dein Fan!

Noch bin ich sehr verzagt, noch fürchte ich, meine Grenzen zu sehen. Gib mir Mut, Gott, einzugestehen, wer ich bin – und mich daran zu freuen. Amen

Wissen, oder:
Was eine Reise wert ist

57537 – das ist die Postleitzahl von Wissen, Wissen im Siegerland. Hab ich mal gesehen, bei einer Autobahnfahrt, auf einem Laster, hinten drauf. Ich fand das sehr lustig: Na, das ist doch praktisch! Jetzt weiß ich, wo ich hin muss, wenn ich wissen will. Wissen ist ein Ziel, nach Wissen kann ich fahren, und andere hinschicken kann ich auch. Das hätte ich mir manchmal gewünscht, so eine klare Wegweisung, hin zum Wissen, einfach nur den Atlas aufschlagen oder das Navi einstellen (»Nach 200 Metern bitte rechts abbiegen!«). Ach ja, wenn es so leicht wäre, die Dinge und das Wissen über sie (und mein Schicksal und die Erkenntnis, welchen Sinn mein Leben so hat) in den Griff zu kriegen. Ist es aber nicht. Darum behelfen sich viele auch mit: Glauben.

Mit dem Glauben verhält es sich aber ganz anders. Glauben hat keine Postleitzahl, Glaubitz hat eine (01612), aber das ist nicht dasselbe, und Gott hat auch keine, höchstens Gottmadingen oder Gottenheim (immerhin). Nach Glauben kann ich nicht fahren, und kein Wegweiser der Welt führt schnurstracks darauf zu – hinschicken kann ich auch keinen, der den Weg für mich ginge und hinterher mein Wanderführer ist.

Bei Glauben weiß ich nicht so genau, wo's hingeht. Glauben braucht Neugierde und etwas Wagemut.

Glauben ist eine Sache der Erfahrung. Gott auch. Aber das macht das Ganze auch spannender! Mein Leben wird erst ereignisreich und erfahrungsgesättigt, wenn ich es nicht im Griff halte (sonst geschieht es nämlich leicht, dass ich die überraschenden Möglichkeiten abwürge und den wunderbaren Unwägbarkeiten keinen Raum zur Entfaltung lasse). Beim Glauben, beim Leben, bei Gott, da ist der Weg das Ziel. Die Reise schon macht Spaß, und die Ankunft wird ein Fest sein.

Mein Gott, ich will mich nicht verlassen auf das, was ich weiß – das ist auch wenig genug. Ich will setzen auf das, was ich erfahre, dessen ich gewiss sein kann: dass du bei mir bist, dass wir einen Weg miteinander gehen. Amen

Abseits

Fußballfan bin ich schon, ehrlich, samstags ist die Bundesliga Pflicht, und Länderspiele lasse ich in der Regel nicht aus, besonders, seit die Jungs kicken und ich Fachmänner zur Seite habe; aber – na ja, da sind schon andere gescheitert –: die Abseitsregel ...

Sehr kompliziert zu erklären jedenfalls: mit passivem und aktivem Abseits und »gleiche Höhe« und »Moment der Ballabgabe« und, und, und. Ich begreif's nicht wirklich, das Abseits. Rudi Völler (»Es gibt nur ein'n ...« Sie wissen schon!) hat es mal einleuchtend auf den Punkt gebracht: Abseits ist, wenn der Schiedsrichter es pfeift. Klar! Das gefällt den HSV- oder BVB-Fans nicht wirklich, aber da weiß ich wenigstens, wo ich dran bin.

Allerdings: Es gibt ein Abseits, das pfeift keiner, da weiß ich nicht, wo ich dran bin, und es tut trotzdem weh. Das begegnet mir eher nicht im Stadion oder in der Sportschau, aber überraschend und alltäglich. Kann schnell passieren, dass einer im Abseits steht. Der Schüler mit der falschen Handymelodie (»uncool«), die unsportliche Klassenbeste (»Streberin«), der Mann mit dem ausländischen Akzent oder der dunkleren Haut, die Frau mit der stattlichen Kinderzahl, der verschämte Ruheständler mit der viel zu geringen Rente, die vereinsamte Witwe. Da pfeift keiner – höchstens spotten ein paar – und es tut sehr, sehr weh. Kann in der eigenen Familie geschehen oder am Arbeitsplatz, unter Freunden, im Verein: hinausgemobbt, ins Abseits gestellt, ins Leere gelaufen.

Aber: Es kommt drauf an, welches Spiel ich spiele. Beim Handball gibt's kein Abseits, beim Tennis auch nicht – und bei Gott schon gar nicht. Auf dem Fußballplatz und im Alltag kann ich schon mal ins Leere laufen, aber abseits von Gott – gibt es nicht. Er ist immer aufmerksam, er schaut nach mir, er stellt mich nicht beiseite, wendet sich nicht ab. Und wo es weh tut, heilt er. Gott spielt Spiele, bei denen es keine Verlierer, aber jede Menge Gewinner gibt: Wir! Da wird keiner ins Abseits verpfiffen.

O.k. – dann ist er wohl kein guter Schiedsrichter, aber sicher: ein guter Freund!

Gott, ich habe das Gefühl, im Abseits zu stehen, ins Leere gelaufen zu sein. Darum tu ich jetzt einen Schritt hin zu dir – und bin nicht mehr allein. Amen

Das war's

Von meiner freundlichen Verkäuferin beim Metzger habe ich schon mal erzählt (»Kann's auch etwas mehr sein« ...). Dieser Tage hab ich wieder eingekauft, und nachdem sie gerichtet hatte, was ich wollte, hieß es: »War's das?« Und ich natürlich: »Das war's!« Ganz froh über anderthalb Pfund Hackfleisch (gemischt), 200 Gramm Lyoner und ein paar Scheiben der guten Hausmachersalami habe ich bezahlt und bin rausmarschiert – und ordentlich erschrocken, als ich am Fahrrad stand. War's das? Das war's!

Fürchterliche Sätze – eigentlich. Bei den Metzgers ist das ja freundlich gemeint: »War's das?«, aber wenn ich mir dieselbe Frage stelle und auf mein Leben schaue dabei, kann es mir angst und bange werden. Wenn heute Schluss wäre, wenn heute Zahltag wäre und ich entgegennähme, was es bis jetzt gewesen ist, wäre es dann mehr als gemischtes Hack aus gescheiterten Träumen und enttäuschten Sehnsüchten, mehr als ein paar Salamischeiben Glück und Pech?

Wäre es wohl ..., aber erschrocken war ich doch. »Das war's« – ein solcher Satz klingt furchtbar endgültig. Nichts kann mehr nachgeholt werden, die Chancen sind vertan. »Memento mori«, haben die Alten dazu gesagt: »Bedenke deine Sterblichkeit!«, oder etwas freundlicher Coretta King, die Witwe des ermordeten schwarzen Bürgerrechtlers Martin Luther King:

»Lebe so, als sei dies der erste Tag vom Rest deines Lebens!« Recht hat sie, aber bedrückend ist es auch. Muss ich mich nun nicht ganz arg ins Zeug legen, damit ich nichts verpasse? Das setzt mich gehörig unter Druck, dann schmeckt der Hackbraten gar nicht mehr; es könnte ja mein letzter sein.

Aber langsam! Das war's – eben noch nicht. Gott denkt sich unser Leben länger, als es uns vorkommt, er denkt es sich sogar über den Tod hinaus. »Und der Tod wird nicht mehr sein«, heißt es im letzten Buch der Bibel sehr ermutigend. Wir sind auf Zukunft hin angelegt und dem, was gewesen ist, zwar verbunden, aber nicht verhaftet. Bei Gott ist es nie zu spät für uns, da haben wir immer noch Zeit. Zum Wachsen, zum Neuanfangen. Wir brauchen uns nicht selbst unter Druck zu setzen, Gott hat einen weiten Horizont – für uns.

Nächste Woche, wenn ich Schnitzel kauf und etwas vom Schinken im Angebot, dann sag ich es so: Das war's – für heute!

Bei dir, mein Gott, ist es nie zu spät, du schlägst das Buch meines Lebens nicht einfach zu und legst es ab, damit es schließlich verstaubt. Nein, ich stehe und gehe vor deinem weiten Horizont, darum verzage ich nicht. Amen

Der menschliche Faktor

»Beam me up, Scotty!« – Raumschiff Enterprise ist Kult. Den neuesten, den elften Kinofilm habe ich auch gesehen! Klar! Als Jugendlicher hat's mich schon begeistert, und – lachen Sie nur, ich stehe dazu – das hat sich bis heute nicht grundlegend geändert. Ich hab sie alle gesehen: Enterprise, Star Trek Next Generation, Voyager und Deep Space Nine und die Kinofilme sowieso.

»Frieden und ein langes Leben« – an Spitzöhrchen Spocks Gruß erkennen sich die Eingeweihten. Captain Picard ist meine Lieblingsfigur, Worf hat mir gefallen und über Data hab ich oft gelacht.

Jetzt bin ich ja schon ein gesetzter Herr und Theologe (Gott hat bei Star Trek eigentlich nie eine große Rolle gespielt), und da denke ich natürlich ganz ernsthaft und mit streng gezogener Stirnfalte darüber nach, was es wohl war, das mich an der Raumfahrt »in Galaxien, die nie ein Mensch zuvor gesehen hat«, so faszinierte (und nach wie vor reizt). Ich glaube, es ist das: Pille und Scotty, Chakotay und Dr. Bashir leben in einer Welt, in der technisch gesehen alles machbar ist – eigentlich gibt es keine Grenzen mehr. Und doch: Immer bricht Unvorhergesehenes herein, das durch Supercomputer und Transportertechnik, durch Tricorder und Warpantrieb allein nicht zu bewältigen ist.

Was zählt, was immer zählt und zum Schluss den Ausschlag gibt, das ist der menschliche Faktor. Und der ist entscheidend, trotz mancher menschlicher Schwäche und Unzulänglichkeit. Am Ende sind es Freundschaft und Humanität, die die Lösung bringen.

Gott kommt in der Star-Trek-Welt nicht recht vor, aber der menschliche Faktor, oder besser gesagt: wir Menschen, die zählen bei ihm. Nichts, was ihm, der die Welt geschaffen hat und der, wie's traditionell kirchlich heißt, »allmächtig« ist, nichts, was ihm nicht machbar wäre. Aber er setzt auf uns. Er will keine perfekte, sondern eine humane, eine menschliche Welt. Mit Grenzen, mit Unzulänglichkeiten, mit Sorgen und Mühen, aber: menschlich. Eine, die zu uns passt, in der wir uns entfalten, in der wir wachsen können, blühen und Frucht bringen. Und dies nicht erst zu »Sternzeit 2269«, nicht am St. Nimmerleinstag, sondern hier und heute.

Wir zählen bei ihm und wir können auf ihn zählen. Er ist nicht »Lichtjahre von der Erde entfernt«, sondern dabei, mittendrin, und hilft bewältigen, was uns an unsere Grenzen bringt. Zu den Klingonen und Vulkaniern werden wir es nicht schaffen – aber zueinander schon. Und das ist keine Zukunftsmusik.

Und Spock hebt erstaunt die Augenbrauen!

Diese deine, unsere Welt, die ist unsre Aufgabe, Gott – und du sprichst uns zu, dass wir sie bewältigen. Du sagst, ich sei geschickt, Gutes zu tun, menschlich zu leben. Ich glaube es dir, Gott, und mache mich dran. Amen

Wüste

Das Stichwort ist »Desertifikation« – so stand es mal in der Zeitung. Es hat mit köstlichen Nachspeisen nichts zu tun, obwohl mein Vanille-Pudding manchmal schon danach aussieht: Wüste. »Desertifikation« heißt: Die Wüsten nehmen zu, wegen des Klimawandels. Die bekannten Einöden dehnen sich aus, neue kommen dazu, die Erde droht hier und da zu werden, was sie laut Schöpfungsbericht zu Anfang schon mal war: wüst und leer. Solche Schlagzeilen liebt die Presse ja, und wenn ich sie lese, gerate ich nicht völlig in Panik. Deutschland ist als Wüstenregion bislang nicht hervorgetreten und hier im Südwesten steht das auch nicht unmittelbar zu befürchten. Also gemach! Oder?

Um Wüsten zu finden, müssen wir freilich gar nicht so weit gehen, nicht zur Gobi oder in die Sahara, nicht auf Mars oder Mond. Wüsteneien und Trockenheit, Irrnis und Wirrnis (so wurde das biblische »Tohuwabohu« der Schöpfungserzählung übersetzt) gibt es gleich in der Nachbarschaft: Gefühlswüsten, emotionale Trockenheit, Lebensverwirrung, Holzwege ins Leere, Liebesverödung.

Die Wüsten, die wir zu fürchten haben, sind in uns. Desertifikation der Herzen – und Liebesdurstige gehen leer aus, Oasen gibt es keine.

In Ordnung, ich will's nicht zu dramatisch machen, aber es ist fraglos so: Neben Liebestaten und Hilfsbereitschaft hierzulande gibt es auch grauenvolle, beängstigende Trockenheit: Ich erschrecke, wenn ich höre und sehe, wie Menschen miteinander umgehen können, wie Kinder misshandelt, Alte missachtet werden, wie gemobbt und geschnitten, gedopt und gelitten wird. Ödnis, Wüstenei, direkt vor der Haustür, in Schule und Geschäft, in Familie und ... in der Kirche auch.

Aber: Es gibt auch Menschlichkeitsoasen, da es sich gut ausruhen lässt, und es gibt, zuerst und vor allem, auch den, der aus der Wüste und Leere des Anfangs einen blühenden Garten schuf, der ein Paradiesgärtlein wachsen ließ, einen Rosen-Liebes-Garten, in dem wir Heimatrecht haben nach wie vor. Herzen können Wüsten sein, Gefühlswüsten, aber Quellen auch: Springquellen der Lebenslust, der Liebesleidenschaft. Können sie sein. Wir brauchen uns nur an den zu wenden, der sich selber »Quelle des Lebens« nennt. »Nehmt vom Wasser des Lebens – umsonst!«, heißt einer der letzten Sätze der Bibel. Dieses Versprechen, dass wir bei ihm nicht durstig bleiben, nicht verdursten, weil er unsere Sehnsüchte sieht und unsere Liebesbedürftigkeit, diese Zusage ist Gottes erstes und letztes Wort.

Mich dürstet, Gott, mich dürstet fürchterlich, weil die Quellen meines Lebensmutes fast vertrocknet sind. Reich mir einen Schluck von deiner Liebe, damit ich auflebe! Amen

Muss alles raus?

Jetzt geht's ja wieder los mit dem WSV, überall (das heißt: Winterschlussverkauf, ich mag Abkürzungen nicht!): beim Fachhandel für Tuch und Schuh, beim Sporthändler, der die alten Skistöcke aus dem Schaufenster haben will, im Baumarkt, beim Metzger ... nee, bei dem wohl nicht, der hat ja (hoffentlich) keine Ladenhüter. Selbst im Internet ist gerade Abverkauf. Ich bestell mir da ab und zu was (obwohl ich sonst die örtlichen Einzelhändler erfreue, ehrlich!) – und nun sagt mir seit ein paar Tagen dieser Internetversandhandel mit dem Namen einer altgriechischen Sagengestalt (weibliche Kriegerin, alles klar?): Alles muss raus!

Uff! Was für ein Anspruch. Alles muss raus – damit es im Frühjahr Platz hat für Neues. Alles muss raus, weil das »alles« alt geworden ist und nur noch im Weg steht und höchstens noch zum Schnäppchen taugt. Im Lenz soll alles frisch sein und unverbraucht: neue Farben, neue Kollektion, neues Glück.

Manchmal denk ich das bei mir selber auch: Alles muss raus. Das ist dann nicht so sehr saisonbedingt, es hängt mehr an der Stimmung und der Lebenssituation. Wozu brauch ich all die Fragen, die mich quälen; dieser Selbst- und Lebenszweifel, der mich lähmt – wozu soll der gut sein? Die tausend Gedanken in durchwachten Nächten, dieses miese Gefühl der Unzulänglichkeit, die tief sitzende Angst, etwas zu verpassen, mich falsch entschieden zu haben, und dieses nagende, schlechte Gewissen, weil ich jemanden verletzt habe, unwirsch und ungeduldig war.

Ach, das alles muss raus. Muss raus, damit ich aufatmen kann, befreit leben kann, damit's im Herzen und in der Seele Frühling wird. Statt WSV bräucht ich ein SSV (ein Sorgenschlussversprechen, aber ich mag ja keine Abkürzungen!). Gibt es das?

Nein, gibt es nicht, gibt es auch bei Gott nicht. Der sagt nicht: Schluss damit, alles muss raus. Vielmehr: Her damit! Ich helfe dir tragen, und Schluss wird sein: nicht mit den Herausforderungen, aber mit der Angst davor, nicht mit den Zweifeln und Fragen, aber mit der Antwortlosigkeit, nicht mit den Krisen, aber mit dem Gefühl, daran zu ersticken. Es muss nicht alles raus, weil das »alles« mich ausmacht, mich zu dem macht, der ich bin. Aber Frühling soll doch werden: Gott sorgt dafür, dass Krisen, Fragen, Herausforderungen fruchtbar werden: Knospen und Blüten treiben und Frucht bringen.

Dann bringe ich dir jetzt alles, Gott, was mir zu schwer wird, was mich einengt und was mir Angst macht. Du versprichst, mit mir zu tragen, mir weiter zu helfen. Dann tu es, Gott, schau, hier ist alles – tu es! Amen

Zu Risiken und Nebenwirkungen ...

Werbung im Radio (läuft immer nebenher im Küchen-
radio beim Kochen) oder im Fernsehen, die nehme ich
eigentlich gar nicht wahr. Die immensen Kosten für
den Spot während der Sportschau oder bei »Wer wird
Millionär?«, die sind an mir heillos verschwendet. Mich
interessiert einfach nicht, was im Knurr-Kochstudio so
gut gelingt und warum ich unbedingt diese Police mit
der Ego-Versicherungsgruppe brauche. Also ... eigentlich interessiert es mich nicht; aber es gibt da doch eine
Art von Werbung, bei der ich sehr aufmerksam werde.
Die für Hustensaft oder für die Pille gegen Sodbren-
nen. Nicht, weil ich da Probleme habe, sondern weil
ich den immer rasend schnell gesprochenen Nachsatz
faszinierend finde: »Zu Risiken und Nebenwirkungen
fragen Sie Ihren Arzt oder Apotheker!«

Da sagt einem keiner, ob man Arzt und Apotheker
erst fragen soll, wenn die Nebenwirkungen eingetreten
sind; und wenn es nach den Firmen geht, die Saft und
Pille, Creme und Tinktur an den Mann und die Frau
bringen wollen, frag ich nach den Risiken am besten
gar nicht. Wie auch immer: Diese Werbung zeigt in
jedem Fall, dass nichts ohne Risiken und Nebenwirkungen ist.

Das Leben mit Gott (für das ich ganz gerne werbe ...,
das haben Sie wohl schon gemerkt!) auch nicht. Im Gegenteil, das ist voller Risiken und Nebenwirkungen.

Wer sich Gott anvertraut und hinhört, was er zu sagen hat, was er flüstert und empfiehlt, der riskiert, sich zu verändern. Der bleibt nicht gleichgültig auf dem Sofa, wenn um ihn her das Leben blüht und lacht; der ist nicht zufrieden mit dem, was er kennt und weiß und was ihm wohlvertraut ist, weil es immer schon so war, der wird neugierig und hält nach Überraschungen Ausschau.

Eine der häufigsten Nebenwirkungen: Irgendwie geht die Fähigkeit verloren, Menschen abzuurteilen und links liegen zu lassen; plötzlich interessiert sich einer für den anderen, fühlt mit ihm, hilft zu tragen, wenn es etwas zu tragen gibt. Das kann echt schweißtreibend sein, sag ich Ihnen. Oder die andere Nebenwirkung, die schlägt sich auf Auge und Ohr: Wer sich auf Gott einlässt, hört genauer hin, schaut genauer nach ... und entdeckt großen Reichtum, alltägliches Glück, wird aber auch sensibel für Ungerechtigkeit und Lieblosigkeit; und gibt sich nicht einfach zufrieden damit. Sogar die Sprache wird (buchstäblich) in Mitleidenschaft gezogen: Wahrhaftiger wird gesprochen, und liebevoller.

Sie sehen: Die Risiken sind groß! Und doch: Ich wollte mein Leben nicht weniger aufregend und beglückend, nicht weniger lebendig. Sie können's ja mal versuchen. Und zu Risiken und Nebenwirkungen fragen Sie einen Pfarrer oder mal in der Kirche nach ... oder gleich Gott selbst. Der zeichnet für die Rezeptur schließlich verantwortlich.

Das weiß ich, Gott: Es ist ein Wagnis, mit dir zu leben. Aber es lohnt sich doch – ich will nicht mehr bloß ein bisschen Leben, ein Quäntchen Lebendigkeit. Ich will lieben, mich fühlen, Herausforderungen annehmen, sinnvoll leben. Mit dir. Amen

Ganz zufrieden

Achtung! Jetzt wird's ein wenig ernst. Aber lesen Sie ruhig weiter, ich werde Ihnen die Laune schon nicht verderben.

Immer mal wieder geht mir ein Satz, eine lebensweise Mahnung durch den Sinn, die Coretta Scott King, der Witwe des US-amerikanischen Menschenrechtlers Martin Luther King, zugeschrieben wird: »Lebe so, als sei heute der letzte Tag deines Lebens!« Das ist ganz gewiss ein guter Ratschlag, aber er kommt doch etwas streng daher. Memento mori – gedenke deiner Sterblichkeit, haben die Alten gesagt. Wenn ich das höre, gehe ich in mich, stütze ich das Kinn in die Hand, ziehe die Stirne kraus und ziehe Bilanz.

Und wie sähe meine Bilanz aus, wenn's heute ans Sterben ginge? Ehrlich gesagt (und mit einem kleinen Seufzer der Erleichterung), ehrlich gesagt: Ich kann nicht klagen. Ich bin verliebt (in meine Frau), ich habe wundervolle Söhne (Lausbuben, herzensgute), Freunde habe ich (solche, die mich lange schon begleiten, und neu hinzu- und lieb gewonnene). Ich habe einen sinnerfüllten Beruf, der manche Mühe lohnt, meine Bücher haben ein paar Leser und für mein Rennrad find ich doch auch immer wieder Zeit (dass mir der Sieg bei der Tour de France schließlich verwehrt bleiben wird, hab ich inzwischen verarbeitet). Ich kann also – summa summarum – sehr zufrieden sein. Ginge ich heute, dann ginge ich zwar nicht hoch betagt – wie der gute Abraham –, aber lebenssatt.

Heute. Müsste ich morgen gehen oder übermorgen, vielleicht im Herbst, dann könnte die Bilanz wieder anders aussehen: Hab ich nicht auch viel verpasst? Und vieles ist unerledigt geblieben; ich habe auch Freunde verloren, und Tage gibt es, da bin ich den Menschen, die mir verbunden sind, fremd, dann überfordert mich mein Beruf, dann finde ich meine Gedichte und Gedanken unnütz und eitel, dann komme ich nicht zur Ruhe. Müsste ich dann nicht gänzlich unzufrieden sein und lebenshungrig gehen, mit ungestillter Sehnsucht nach dem, was nicht gewesen und nicht gelungen ist?

Nein, müsste ich nicht. Muss ich nicht, weil mein Leben – Ihres auch – in Gott geborgen ist. Weil mein Glück nicht von irgendwoher kommt, sondern von dem, der mich liebt. Und weil mein Unglück mich nicht einfach bestimmen darf, sondern fruchtbar werden muss, damit mein Leben tiefer und reicher wird. Wenn ich jetzt ginge, ginge ich zu Gott, der all meine Tage nicht von meiner Seite weicht.

Aber ich geh ja noch nicht. War nur so ein Gedanke – ein ernster, oder? Nein, ein höchst zufriedenstellender!

Im Grunde ist es doch gleich, mein Gott, wie meine Bilanz ausfällt, denn am Ende bin ich noch immer bei dir. So nehme ich jeden Tag aus deiner Hand, getrost und zufrieden. Amen

Sparen

Können Sie sich so viel Geld vorstellen? 50 Milliarden oder 100 Milliarden oder was weiß ich wie viel Bill-, Trill- oder Sonst-was-illionen – Schulden? Die macht der Staat und wir ja irgendwie mit (ungefragt eigentlich), und die Städte und Gemeinden sitzen auch mit im schwankenden, lecken Boot. Und nun soll, nun muss gespart werden.

Wir sind lange schon wieder in einer Spardebatte – ach was, in einer: in Hunderten! Der Staat muss sparen, die Kommunen müssen sparen, Bürger und Bürgerinnen drehen den Cent dreimal rum, bevor sie ihn ausgeben, Industrie und Wirtschaft schauen genau, wo investiert werden muss und wo Einsparpotenzial liegt, Vereine und Initiativen gehen mit geringeren Einnahmen um, und die Kirche spart natürlich auch. Alle schauen aufs (nicht vorhandene oder knappe) Geld, Konjunkturdaten geben mal zur Hoffnung, mal zu Sorgenfalten Anlass ... und Sparvorschläge gibt es zuhauf. Und solche Vorschläge sind darunter, von denen der eine oder die andere denkt: Diesen Vorschlag – könnt ihr euch sparen. Und es ist ja überhaupt besser, es wird anderswo gespart: da und dort und bloß nicht bei mir!

Sparen, sparen, sparen. Naiv ist, wer meint, dass das nicht notwendig sei, und es ist gut und notwendig, darüber zu streiten, wo gespart werden kann und soll:

kommunalpolitisch, bundespolitisch, privat. Sparen ist einfach dran!

Aber, ich sag Ihnen jetzt, woran Sie auf keinen Fall sparen sollten. Sparen Sie nicht mit Aufmerksamkeit und Neugierde, denn das Leben, das Sie leben, ist reich – und gerade in Sparzeiten gilt es, Reichtum zu entdecken! Sparen Sie nicht an Lachen, an Singen, an Lebenslust, denn die bereichern – egal, bei welchem Kontostand. Rücksicht sollten Sie nicht einsparen, und die Achtung vor Ihren Mitmenschen auch nicht, denn nur miteinander lassen sich Krisen bewältigen; und ersparen Sie sich Ihre religiösen Fragen, Ihren Glauben und Ihre Zweifel nicht, denn Gott erweitert den Horizont unseres Lebens – und gegen Gottes Horizont wird manches, das so groß und wichtig erscheint, spärlich und leicht. Sparen Sie sich Ihre Lebensentscheidungen und Ihre Träume nicht für später auf, leben Sie jetzt.

»Spart euch einen Schatz im Himmel an!«, hat Jesus einmal geraten. Und das geht durch Lieben, durch Leben, durch Leidenschaft für das von Gott Geschenkte. Für den Himmel spart, wer hier nicht allzu sparsam umgeht mit Gottes Gaben!

Dann will ich, mein Gott, mit vollen Händen verprassen, was du mir an Gaben schenkst: meine Liebe, meine Hingabe, meine Lebenslust. Ich will nicht zurückhalten, sondern investieren, will klotzen, nicht kleckern. Und ich weiß: Je mehr ich gebe, desto mehr empfange ich. Amen

Adieu

Beim Abschied sag ich nicht leise »Servus«. Das ist mir zu unterwürfig, denn als »servus«, lateinisch: Diener, verstehe ich mich nicht (auch wenn meiner Profession das unterstellt wird). Und auch das locker-luftig-italienische »Ciao« geht mir nur ganz schwer über die Lippen. »Tschau« (so verdeutscht) heißt nämlich dasselbe, indem es vom italienischen »schiavo« (Diener, Sklave) herkommt. Nee, nee!

Schon um des Berufes willen halte ich mich sehr gerne an ein kräftiges »Grüß Gott!« – »Gott zum Gruße« klänge natürlich etwas zu altertümlich. Aber mit beidem ist doch gesagt, dass ich meinem Gegenüber Gottesgeleit wünsche, ein gutes, hilfreiches, ein sinn- und segenvolles. Ein Kollege, den ich schätze, gibt mir gerne ein freundlich-französisches »Adieu« (Gott anheimgestellt) mit auf den Weg, das auch zu »Tschüss« verniedlicht werden kann und als »Tschühü« ganz unsäglich klingt. Mit »Bhüedi« erfreuen mich die Schwaben sehr, mit »Pfüeti« die Bayern, weil ich mir den Wunsch, dass Gott mich behüte, gerne hinterherrufen lasse. »Guten Tag« und »Auf Wiedersehen« finde ich etwas blass, aber höflich immerhin.

Grußformeln, das sind Allerweltsworte, und ich bin sicher, dass sie nicht oft mit viel Bedacht ausgesprochen werden. Das sagt »man« halt, wenn einer kommt, wenn einer geht: »Ja hallo ... und tschüss!« Aber sie könnten doch viel bedeuten, wenn ich ihren Sinn für mich gelten lasse.

»Adieu« – es ist nicht das Dümmste, sich Gott anzuvertrauen und darauf zu setzen, dass er mitgeht, dass mein Alltag göttlich-aufmerksam begleitet wird. Und – »Grüß Gott« – bewusst in Gottes Namen zu grüßen, verhindert ganz gewiss manch unbedachte, gleichgültige oder unwirsche Formel, manch dummes Geschwätz. Beginnt meine Vorrede mit Gott, dann hat üble Nachrede keinen Platz. Und: Eine tiefe Sehnsucht ist es, behütet zu sein. Das macht Mut, das macht frei, das weckt die Lebenslust, also ist »Bhüedi Gott« weit mehr als bloß ein frommer Wunsch.

Bleibt die Frage, ob der, der da in Anspruch genommen wird, ob Gott sich so vereinnahmen lässt, ob er auch zur Verfügung steht und behütet, annimmt, begleitet, wie ich das mir und anderen wünsche. Ja, tut er. Denn er ist es, der leise »Servus« sagt: Ich bin für dich da, ich gehe mit, ich steh dir zur Seite! Leise »Servus«, aber ohne Abschied.

Mein Gott, heute befehle ich mich in deine Hand, geh an meiner Seite. Dann bin ich nicht allein, dann muss ich mich nicht ständig furchtsam umschauen, dann habe ich das Herz und den Kopf frei für das, was der Tag mir bringen mag. Ich stelle es dir anheim. Amen

Übers Jahr

Sonntags

Heute habe ich einen Vorschlag (etwas gegen den Sinn eines »Gedankens zum Sonntag«), heute schlage ich Ihnen vor: Verbieten Sie sich jeden Sonntagsgedanken, erlauben Sie sich Sonntagsgefühle! Nur so, als Übung, für heute: Verlegen Sie Ihr Erleben, Erfahren, Wahrnehmen vom Kopf ins Herz, vom Hirn in den Bauch. Denken, analysieren, beurteilen Sie nicht – fühlen Sie. Schönheit, wissen Sie, diese bezaubernde Schönheit der Menschen neben mir, der Wiesen und Wälder, der Häuser und Horizonte um mich her, die ergreift mich nicht, wenn ich sie zu begreifen suche. Wer bestimmt, der begrenzt auch; wer aber befühlt, der lässt sich bewegen.

Also: nur mal für heute, als Übung: Öffnen Sie sich für den Reichtum, der uns gegeben ist. Suchen Sie sich eine Wiese und streichen Sie mit der offenen Hand über Klee und Gras, riechen Sie an einem Stein, am Stamm eines Baumes, schauen Sie in die Augen Ihrer Frau – ein bisschen länger als sonst und schauen Sie tief – , fahren Sie Ihrem Mann zart über den Nacken (macht Gänsehaut!) und lassen Sie sich von den Kindern oder einem Freund einen Witz erzählen. Lachen Sie schallend! Oder lauschen Sie aus dem Fenster hinaus: Die Straße hat ein Lied, Menschen gehen vorbei und plappern – und manchmal ist es zauberhaft still, wie Sie's nie gehört haben.

Nur heute, als Übung, mal nicht sonntags Gedanken machen, sondern durch die eigene Welt gehen: erfühlen, erfahren! Warum eigentlich? Montags, dienstags, alltags regieren dann ja doch wieder das kalte Denken und die engen Grenzen, das Werten und Wirken, und dann wird's wieder hektisch und grell, laut und schnell. Eben darum! Damit die Tiefendimension unseres Lebens nicht verloren geht, damit wir einmal die Woche wenigstens spüren, wie schön und reich wir sind samt der Welt um uns her und in uns drin. Als Gott am siebten Schöpfungstag ruhte, da hat er auch nicht analysiert und Tabellen geschrieben, hat er nicht gewogen, gemessen, gezählt. Nein, er hat sich zurückgelehnt, hat genossen, was er schuf: »Aach ja! Gut, sehr, sehr gut!«

Eigentlich brauchen wir es ja nicht besser wissen zu wollen als er. Es genügt, einzustimmen, heute, als Übung, für alltags. Damit neben die Alltagsgedanken auch berückende, ermutigende, getroste Sonntagsgefühle treten und mir das Leben erschließen, wie es in Wahrheit ist: schön und tief.

Machen Sie's mal, heute, als Übung, sonntags – danke!

Gott, für ein paar Augenblicke will ich die Augen schließen: Ich lausche, rieche, taste und schmecke – und hebe ich den Blick wieder, dann hat die Welt einen stillen Glanz. Von dir her, mein Gott, von dir her erstrahlt sie. Amen

Der Zeit voraus

Hah, hah! Wir von der Kirche, müssen Sie wissen, wir sind unserer Zeit ja immer schon etwas voraus, um vier Wochen etwa: Ätsch! Während alle Welt noch auf Silvester wartet, haben wir das Jahr schon hinter uns – also: das Kirchenjahr. Und mit dem 1. Advent beginnt ein neues. Tja, da soll noch mal einer sagen, Kirche sei nicht modern, im Gegenteil, wir sind nicht nur zeitgemäß, wir sind sogar zukunftsfähig – voraus eben, immer voraus.

Aber da sehe ich Sie schon erstaunt die Stirne runzeln oder mitleidig lächeln. Darum etwas bescheidener: Es liegt ja nicht an der Kirche, dass die Zukunft ein Thema ist, es liegt an Gott. »Advent« heißt: Ankunft. Gott kommt an bei uns, in seiner Welt, die er nicht geschaffen hat, damit sie sich im Laufe der Zeiten verliert und endet, wenn's mal aller Tage Abend ist, sondern damit sie schön sei und geheilt werde.

Aber manchmal sieht es in der Welt schon so aus, als sei es Abend geworden und die Lichter gingen aus, ein für alle Mal. Zu viel Erschreckendes haben wir doch gesehen in einem zu Ende gehenden Jahr: Katastrophen, Terror von rechts und Bürgerkriege, Krisen und Krankheiten, Erdbeben, Feuersbrünste, Überschwemmungen. Wer wollte da noch auf Zukunft wetten?

Gott will – und er wettet nicht, er verspricht: Ich bin da, ich bin angekommen; darum ist die Welt nicht gottlos – und ist sie nicht gottlos, dann ist sie auch nicht zukunftslos. Gott ist unserer Zeit voraus, indem er das schon mitbringt, was uns in Zukunft erwartet: Licht, Liebe, Hoffnung und Trost. Echt? Stimmt das denn? Wo sehe ich denn, in dieser düsteren Gegenwart, Zeichen einer lichten Zukunft?

Gute Frage! Aber: Schauen Sie sich doch mal um! Die Adventszeit, die ist ja nicht nur Vor-Weihnachtszeit, mit erstem Kerzenschein und ein paar zimtenen Duftwolken, die Adventszeit ist ursprünglich Fasten-, also Besinnungszeit. Zeit, die Augen aufzutun für den angekommenen Gott, Zeit, genauer hinzuschauen und aufmerksamer hinzuhören, wie Gott wirkt und verändert. Das geschieht leise, unaufgeregt und zwischen den Zeilen – aber Gott ist da, längst angekommen in unserer Zeit.

Und er hinterlässt seine Spuren: hier ein Menschenlächeln, dort eine sanfte Hand; da die gelungene Versöhnung, hier eine tragfähige Hoffnung, ein hilfreiches Wort, ein Sprung über den Schatten, ein offenes Ohr. Achten Sie darauf, gehen Sie mit der Zeit (mit Gottes Zeit).

In diesen Tagen, Gott, öffne mich für dein Kommen und dein Nahe-Sein, senke mir Erwartung in das Herz – in ein Herz, das wartet, das deine Gegenwart ersehnt. Amen.

Nicht verschlafen!

»Erst eins, dann zwei, dann drei, dann vier ... und wenn das fünfte Lichtlein brennt, dann hast du Weihnachten verpennt!« Ja, ja, den kennen Sie schon, alter Witz, hat soooo'n Bart. Der fällt mir nur die Tage immer wieder ein – wahrscheinlich auch, weil der alte Jux eine Frage stellt: Geht das – Weihnachten verpennen?

Quatsch, geht nicht, weil doch allüberall auf den Tannenspitzen die Vor-Weihnachtslichter blitzen, weil's überall schon dudelt und weil Discounter und Fachgeschäft gleichermaßen mit Spekulatius und Lebkuchen aufwarten, in je unterschiedlicher Qualität, aber eben doch: weihnachtlich. Ist ja nicht zu übersehen! Oder doch?

So ein Weihnachtslichtlein kann im Lichtermeer auch untergehen, eine Engelsstimme hat es schwer gegen »Christmas-Rock« und »Die größten Weihnachtshits aus 20 Jahrhunderten«, ein Krippenkind mit Hunger im Bauch kommt gegen Spielwarenauslagen und neueste Schokoladennikoläuse kaum an. Weihnachten verschlafen, übersehen, nicht wirklich entdecken – das geht vielleicht doch.

Aber vielleicht rollen Sie jetzt mit den Augen und können – so wenig wie das Weihnachtsgetümmel selbst – das ewige Lamento, die wohlfeile Klage gegen das Getümmel auch nicht mehr hören. Ham'Se Recht! Dass Weihnachten übersehen werden könnte, liegt nicht daran, dass zu wenig Menschen Sehnsucht nach stiller Nacht hätten. Die gibt es und die gibt es zuhauf. Immer mehr Menschen wissen wieder, dass das Leben Tiefe braucht, und in der Tiefe Ruhe, Wärme und Licht (Sonntagsgedankenleserinnen und -leser zum Beispiel wissen das!).

Weihnachten verpennen – das passiert vielleicht eher, wenn Menschen sich nicht überraschen lassen. Die heilige, stille Nacht scheint ja etwas ganz Gewohntes zu sein, vertraut seit Kindertagen – und gerade da wünsch ich mir, dass es zugeht wie früher schon (dabei bin ich eigentlich gar nicht konservativ!), als ich noch Kinderaugen und Kinderwünsche hatte und eine kindlich-überschwängliche Freude, wenn die in Erfüllung gingen.

Zur Weihnacht aber bleibt nichts beim Alten, da fängt Gott mit der Welt neu an. Auf das Alte fällt ein neuer Glanz, es wird schöner, oder es verblasst, je nachdem. Wenn Sie heuer ihr fünftes Lichtlein anzünden (das am Weihnachtsbaum), dann schauen Sie die Welt und die Menschen mal mit neuen Augen an, mit den Augen Gottes, der die Zeit nicht verschläft, sondern zur rechten Zeit kommt, immer, wenn Welt und Mensch ihn nötig haben (und nicht nur zur Weihnachtszeit).

Mein Gott, wenn dein Stern aufgeht, wenn es hell wird über Krippe und Stall, dann lass ein neues Licht auf alles fallen, was mir altvertraut ist. Hilf mir, Entdeckungen zu machen – und irritiere mich ein wenig. Das schadet nicht! Amen

Nicht über den Nikolaus

Nein, das mache ich nicht! Nein, auf keinen Fall, kein Wort kriegt er, keinen einzigen Satz werde ich ihm widmen ... und da können Sie noch zehnmal denken, dass es doch heute (am Nikolaustag) ganz schön passen würde und eigentlich zu erwarten sei, dass der, der doch sonst über alles und jeden schreibt, auch mal ein Wort verliert: über den Nikolaus. Nein, mach ich nicht! Will ich nicht! Nein, nein, nein!

Und wissen Sie, warum? Weil der nämlich so gemein zu mir ist! Jedenfalls, seit ich erwachsen bin (und das ist nun schon eine ganze Weile). Da stelle ich die Stiefel vor die Tür, vor die Wohnungstür einen und den großen vor den Eingang ... Und was passiert? Die Kinder kriegen immer was: Schokolade, Nüsse, Mandarinen und noch ein kleines Büchlein oder so – und ich? Ich gehe leer aus. Dabei habe ich ihn früher mal gespielt, höchstpersönlich habe ich ihm Stimme und Gestik verliehen, als ich Jugendlicher war – das war peinlich genug, ich hatte ja noch gar keinen Bart und musste meine Stimme verstellen –, ich habe ihm meine Stimme gegeben, und er? Er missachtet mich! Also Schluss und aus die Maus, der kriegt kein Sterbenswörtchen von mir!

Na, wenn's mal so einfach wäre. Wenn ich doch einfach alles ignorieren könnte, was mich in Rage bringt. Beim Nikolaus ist das schon schwer, immerhin gehört ihm ein ganzer Feiertag (und der will durchgestanden sein), aber sonst erst: Aus dem Leben kann ich nicht einfach aussteigen, das kann ich nicht einfach mit Verachtung strafen, wenn ich das Gefühl habe, dass es an mir vorbeizieht und mich nicht im Blick hat, wenn ich glaube, dass es für mich bloß die unangenehmen Saiten aufzieht und den anderen die Schokolade in die Schuhe steckt. Nein, das Leben lässt sich nicht ignorieren.

Und wissen Sie (noch) was? Das ist auch gut so. Wenn wir uns herausnehmen könnten, weil's uns mal nicht so passt, dann würden wir doch all das versäumen, was an Reichtum da ist. Und das ist, verspricht Gott, viel, viel mehr als das, was uns (vermeintlich) durch die Lappen geht. Es ist wohl eine Frage der Perspektive: Schaue ich nach dem, was fehlt; oder gebe ich dem mehr Recht, was da ist und was mir Tag für Tag, ganz selbstverständlich, zur Verfügung steht: die Menschen um mich her, die Liebe, die da schwingt, Töne und Klänge, Düfte und all die Würze des Lebens, die es interessant und lebendig machen: Herausforderungen, Glück und Lust. Für das Selbstverständliche, Alltägliche gibt es freilich keine Feiertage (die braucht halt so ein undankbarer Kerl wie der Nikolaus ...) – es sei denn, ich mache aus dem Alltag Feiertag, indem ich mir bewusst werde, was zu mir gehört, was mich ausmacht, trägt und erfreut.

Und dann will ich das Leben gar nicht mehr ignorieren, dann will ich gar nicht mehr aussteigen – da gibt es viel zu viel zu entdecken, da gibt es wundervolle Über-

raschungen. Und dann brauche ich gar keine Schokolade im Stiefel mehr, ha! Dann kann er mir gestohlen
bleiben, dieser Weihnachtsmann, dann ist's auch ohne
den spannend genug! (Huch ... jetzt hab ich doch über
ihn geschrieben.)

*Gott, ich will meinen Blick abwenden vom Mangel, von
dem, was mir fehlt, und ausschauen nach dem, was du
schenkst, Tag für Tag. Den Reichtum will ich entdecken,
den du mir in die Hände legst und in den Schoß. Amen*

Winterfest

Die Rosen und die Olivenbäumchen, den Oleander – dass man die winterfest machen muss, das leuchtet mir ein. Mein Auto ist es jetzt auch, mit Winterreifen und Frostschutzmittel; da können Schnee und Eiszeit kommen. Mein Rennrad hängt auch wohl gepflegt und mit Kette-links an der Wand; aber dass auch Rasenmäher winterfest gemacht werden müssen, wie es im Ratgeber zu lesen war, das wusste ich bisher nicht. Und da überlege ich mir's auch noch, weil ich das Ding vor Frühsommer eigentlich nicht mehr sehen will.

Nichts zu überlegen gibt es allerdings, wenn ich mich frage, ob ich selber denn winterfest bin. Klar, Handschuhe habe ich, einen schicken Schal auch und für den Kopf die Schiebermütze oder den Hut, den Anorak mit der Wolfstatze kann ich mir überziehen, und einen Mantel besorge ich vielleicht noch – gegen die Kälte hilft das, auch bei Minusgraden.

Gegen die Kälte der Herzen hilft es aber nicht, gegen die Seelenvereisung, die es bisweilen gibt, wenn ich enttäuscht oder verletzt werde, wenn ich friere vor Furcht oder zittere vor Ratlosigkeit. So kühl und kalt kann es werden, innen drin, auch ohne Minusgrade, selbst bei heißem Tee und vor dem Ofen. Seeleneiszeiten können schneller über mich hereinbrechen, als ich in Mantel und Stiefel steigen kann.

»Lass warm und hell die Kerzen heute flammen, die

du in unsre Dunkelheit gebracht«, dichtete Dietrich Bonhoeffer in seinem berühmten und tröstlichen Lied »Von guten Mächten wunderbar geborgen«. Und er lässt sie flammen, Gott lässt sie aufflammen und strahlen, die Wärme, das Licht, die er in unsere Winterkältezeiten leuchten lässt und die das Eis wegschmelzen. Gott umfängt uns warm mit seiner Liebe. Die taut die Einsamkeit fort und heilt die Kummerfrostbeulen. Wer sein Gesicht dem Leuchten zuwendet, spürt rasch, wie es warm auf den Wangen wird (und diese Wärme breitet sich aus bis ins Herz) und wie die eigenen Augen zu leuchten beginnen.

Die Adventszeit, da es früh dunkel ist und Kerzen so recht zur Geltung kommen, da mancher sich besinnt und einer warmen Stille etwas Raum und eine Chance gibt, die Adventszeit ist dazu angetan, sich auf das Gottesliebesleuchten einzulassen. Als Vorbereitung auf den Winter nicht die schlechteste Idee. Und dann kommt die Weihnacht – da ist die ganze Erde winterfest!

Mein Gott, lass dein Licht hereinleuchten in meine grauen Tage – und ich nehme mir die Zeit, es zu finden, mich daran zu wärmen. Ich will mich hineinbergen in dich und Ruhe finden. Amen

Gut Wetter machen

Brrr! Meine Güte, was für eine Kälte! Das Fahrradfahren tut richtig weh im Gesicht, und bei jedem Schritt vor die Tür überlege ich mir, ob's auch sein muss, die warme Wohnung zu verlassen. Flüsse und Seen frieren zu (Wasserhähne auch), und so recht idyllisch will's einfach nicht werden. Aber ich sollte nicht meckern. »Mensch, was beschwerst du dich! Es ist halt Winter!«, sagen manche Leute zu Recht – und tun noch die Weisheit dazu: »Am Wetter können die Menschen eben noch nicht drehen – zum Glück!«

Und wissen Sie was: Das stimmt überhaupt nicht, ganz und gar nicht! Und ob wir was am Wetter machen können, und ob! Und da meine ich nicht die Erderwärmung und das Abschmelzen der Gletscher, den Klimawandel, der doch eindeutig auf unsere Kappe geht. Ich denke an unser zwischenmenschliches Kleinklima. Da kann es recht frostig zugehen, manche Beziehung liegt auf Eis und mancher Beziehungslose steht allein im kalten Wind und holt sich, wenn es hart kommt, eine Seelenentzündung.

Das muss nicht sein! Wir können durchaus »gut Wetter machen«. Und zwar ganz ohne die Ironie, die in dieser Wendung steckt. Wir können für Wärme sorgen untereinander, für heiteren Himmel und strahlendes Tageslicht. Wenn wir uns die Hände reichen, wenn wir Acht haben aufeinander, wenn wir uns interessieren füreinander, hinhören, nachfragen, wenn wir uns auftun.

Das Wort »Kälte« kommt in der Bibel gar nicht vor. Ich glaube, weil Kälte zwischen Gott und Mensch, zwischen Mensch und Mensch einfach nicht vorgesehen ist. Eiszeiten, die soll es zwischen uns nicht geben. Gibt es aber leider doch! »Kalte Herzen« gibt es, nicht nur im Märchen, und nicht nur bei Unholden und Schwarzwaldgeistern, sondern weil Menschen verletzt und enttäuscht werden und nicht lernen, wie es geht, Wärme zu entwickeln. Gut, dass Gottes Liebesglut nicht verlischt, dass er ein Feuer für uns hat, das nicht erstirbt, an dem wir uns erwärmen können. Von Gottes Feuer gewärmt, erwärmen wir uns auch füreinander.

Im biblischen Buch des Predigers Salomo – in der katholischen Bibel heißt es Kohelet – gibt es den wunderbaren Satz: »So ist's doch besser zu zweien als allein: Wenn zwei beieinander sind, so wärmen sie sich. Wie kann ein Einzelner warm werden?« Eben – und drum hat Gott uns einen strengen Winter geschickt, damit wir gut Wetter machen lernen.

Mir ist manchmal sehr kalt ums Herz und ich schaffe es selbst kaum, für andere Wärme aufzubringen. Darum komme ich zu dir, mein Gott, und wärme mich an dem Feuer deiner Liebe. So friere ich nicht mehr – und die Menschen um mich her spüren es. Amen

Edelsteine

Ein paar Tage noch, dann sind die Adventskalender leer
... normalerweise. Bei mir früher,waren sie's nach zwei,
drei Tagen schon: Ich habe halt die Schokolade so gern
gegessen. Drum bekam ich ein paar Jahre lang auch nur
noch Adventskalender mit netten Bildchen (langweilig!).
Heutzutage gibt es ja alles mögliche: die guten, alten
mit Schoko oder Pralinen (von denen ich figurbewusst
Abstand halte), den Playmobil-Kinderüberraschungs-
Lego-Starwars-Abziehbild-Klingeling-Kalender und
viele andere mehr. Unsere Kinder bekamen diesmal
einen besonderen, der mich auch begeistert und jeden
Morgen neugierig warten lässt, was heute wohl hinter
dem Türchen liegt: einen Edelsteinkalender. Halb-Edel-
stein, um genau zu sein (den mit Rubinen und Brillian-
ten heben wir uns auf fürs kommende Jahr).

Da fand sich bisher: der wunderschöne Gelbe Cal-
zit, ein tiefdunkler Amethyst, ein ganz leichter Berg-
kristall, der Blaue Aventurin (klingt nach Weite und
Abenteuer), die edle Chinesische Jade ... na, und andere
mehr. Schöne Steine, ein Edelstein für jeden Tag, vier-
undzwanzig Preziositäten am Schluss, und jeder eine
freudige, staunenswerte Überraschung.

Dieser Adventskalender hat mich ein wenig nachdenklich gemacht. Und ich glaube, da steckt mehr da-
hinter: mehr, als ich ahne und oft genug glaube hinter
dem Türchen am Beginn jeden Tages im Jahr. Edel-

steine gibt es nicht nur im Advent, nicht nur auf die Weihnacht zu.

Jeder Tag birgt seinen halb edlen oder ganz edlen Schatz, an jedem Tag will Gott mich beschenken mit einem zarten Rosenquarz, einem wilden Tigerauge, mit sanfter »Weißer Jade« oder einem verspielten Schneeflockenobsidian. Klar, es sind Steine, und die kommen – je nach Größe und Gewicht – bisweilen recht hart und schwer daher – aber Edelsteine doch, die mein Leben bereichern, die ich eines Tages dann bestaune und schätze. Edelsteine: das Lächeln derer, die ich liebe, die zur Versöhnung gereichte Hand, die Klärung einer Krise, das gute Wort des Freundes, die Stille der Nacht ... Was braucht es, um den Schatz zu heben, den Edelstein zu entdecken Tag für Tag?

Das, was es auch beim Adventskalenderöffnen braucht: die freudige Erwartung, dass sich hinter dem Tagestürchen etwas Besonderes, etwas Erfreuliches verbirgt. Da warten wir nicht umsonst, Gott sorgt dafür. Und es braucht genug Neugierde, das Türchen aufzutun. Im Advent fällt es nicht schwer, neugierig zu sein – unterm Jahr ist dazu manchmal auch Wagemut nötig. Aber der lohnt sich! Von Tag zu Tag wird meine Edelsteinsammlung größer.

Schau, Gott, ich halte meine Hände auf, ich lausche und sehe mich neugierig um – hier bin ich, bereit, die Edelsteine zu finden, die du mir auf den Weg legst jeden Tag. Falls ich vorbeigehe – stoß mich drauf! Amen

Wechsel!

Einen Batteriewechsel, den hat meine Armbanduhr ab und zu nötig, wenn sie die Zeit nur noch unwillig anzeigt, und manches Vehikel braucht den auch, bei bitterkalten Minusgraden. Ein Spurwechsel ist nötig, auf der Autobahn, wenn der Laster vor mir die Steigung fast nicht schafft, und ein Ortswechsel tut bisweilen der Seele gut. Bei Wetterwechsel sind manche wetterfühlig, beim Wildwechsel passt man als Autolenker besser auf. Die Socken wechsle ich täglich, die Überzeugungen nicht; ich liebe Abwechslung bei Musik und Lektüre, und meine Zahnbürste, die wechsle ich ... na ja, das wollen Sie vielleicht gar nicht wissen. Die Schule zu wechseln oder den Beruf ist eine einschneidende Angelegenheit, je nach Gemütslage wechselt schon mal die Gesichtsfarbe, und mancher sollte mal sein Deodorant wechseln ... Wechsel, Wechsel, Wechsel; und jetzt – ist Jahreswechsel.

Jahreswechsel ist ein seltsames Wort, ein falsches eigentlich. Denn was wechselt da schon, außer der Jahreszahl? Beim echten Wechsel, da wird getauscht: alt gegen neu, gebraucht gegen unbenutzt, frisch gegen welk; ein echter Wechsel ist ein Neubeginn, da werden die Karten neu gemischt. Neue Chance – neues Glück. Wer wechselt, wirklich wechselt, begibt sich auf neues Terrain, trägt neue Kleider, macht neue Bekanntschaften, versucht mal was anderes, lässt sich auf Ungewohntes ein.

Das alles bietet der Jahreswechsel nicht. Die Welt hat ihre Läufte, der Planet zieht seine Bahn, ich bleibe derselbe und meine Sorgen oder Freuden auch – daran ändert auch die Silvesternacht nichts, ob nun die 09, die 12 oder die 35 hinter der 20 steht. Der Jahreswechsel, der so in etwa eine Sekunde Zeit braucht, der ändert an meiner Zeit nicht wirklich etwas.

Alles, was bis dahin gewesen ist, alles, was uns bewegt und bedrängt hat, was ein Glück war oder ein Unglück, was uns Angst macht oder mutig – all das wird nicht ab-gewechselt, alles das besteht und wirkt weiter. Und oft genug am Altjahresabend, zum Neujahrsmorgen, oft genug hätte ich's doch gerne anders. Wenn es doch so ginge: Die Glocken läuten, die Böller krachen – und meine Sorgen lösen sich auf wie der Feuerwerksrauch in der kalten, letzten Dezembernacht, meine Schwächen und Ängste verklingen wie das Geläut. Aber so ist es nicht: Ich nehme mich mit in den Januar, ich lege, was mir auf den Schultern drückt, nicht ab wie Jacke und Rock beim Kleiderwechsel, das haftet mir an, das begleitet mich.

Aber – wohlgemerkt – nicht nur Last und Sorge, auch Glück und Lebensleichtigkeit; die fliegen auch nicht davon, und am nächsten Morgen, im nächsten Jahr bin ich »wie ausgewechselt«. Nein, was zu mir gehört, meine Geschichte mit allem Licht und allem Schatten darin, die bleiben übers Jahr. Weltgeschichtlich geht das auch so, haben wir ja gesehen: Selbst Regierungswechsel (hier oder überm Teich) machen die Welt nicht neu; die Mühe bleibt, die Herausforderungen sind nicht kleiner geworden – und der Wechsel von der Verwaltung der Probleme zur Fantasie für Lösungen ist offensichtlich ein schwieriger. Da bleibt so manches haften und bestehen, beim Jahreswechsel.

Und einer bleibt bei uns. Gottes Nähe – erfahren oder vermisst im ausgehenden Jahr, fest versprochen und ab und an auch gespürt – Gottes Nähe unterliegt keinem Wandel und Wechsel. Er ist der Gott an unserer Seite – und er wechselt die Seiten nicht nach Lust und Laune, sondern geht beharrlich mit, aus diesem ins neue Jahrzehnt und durch jeden Tag darin. Darauf können wir uns verlassen, daran ändert sich nichts. Aber das ändert alles, wenn ich an Schatten und Schicksal denke – dann bin ich nämlich nicht allein, zu keiner Zeit; und kein Wechsel, und sei's ein noch so stürmischer, wirft mich gänzlich um.

Darum rate ich Ihnen für die Silvesternacht einen Wechsel doch an: den Stimmungswechsel! Gehen Sie nicht sorgenvoll und ängstlich, vielmehr wagemutig ins neue Jahr, aufmerksam und neugierig. Gott ist für viele Überraschungen gut – Sie werden es sehen!

Gott, du bist und bleibst bei mir, du weichst nicht von meiner Seite – »bis ans Ende der Welt« hast du mir deine Nähe versprochen. Mit dieser Zusage gehe ich getrost ins neue Jahr, das ungewiss vor mir liegt. Amen

Maskerade

Um ehrlich zu sein: Wer von mir ein paar Sätze zur Fasnacht wünscht, der hat den Bock zum Gärtner gemacht. Der Fasnachtssonntag kommt ohne Gnade – und ich soll schreiben! Ausgerechnet ich! Der ich ganz gewiss kein Fasnachter bin. Das Narrentreiben zur fünften Jahreszeit treibt doch recht an mir vorbei – ich kenne mich da einfach nicht aus mit Häs und Kluft, mit Tracht und Tradition, Helau und Ahoi. Das heißt ... langsam ... mit einem kenne ich mich schon aus: mit der Maskerade.

Mit Masken kenne ich mich aus. Weil ich selber ab und zu welche trage (eher außerhalb der »Fassenacht«). Manchmal mime ich den Gelehrten, der auf alles eine Antwort hat, oder den Coolen, den nichts erschüttern kann. Oder ich gebe den Frisch-fromm-Fröhlichen, der keine Zweifel kennt, oder den Abgeklärten, der das Leben zu nehmen weiß, wie's halt kommt, den Ewig-Lächler und Immer-Tröster, den Alles-Versteher und Nie-um-guten-Rat-Verlegenen.

Ich weiß, solch eine Maskerade ist nicht wahrhaftig, aber hinter meinen Masken kann ich mich verbergen, da fühle ich mich geschützt, da muss ich nicht alles preisgeben, kann ich etwas für mich behalten. Die Masken, die ich trage, sehen genauso aus, wie ich gerne wäre: locker und lustig, ernst und überlegen – aber eben nicht so, wie ich tatsächlich bin. Darum fällt es auch so schwer, die Masken abzulegen: Ich mache mich verletzlich, wenn ich es wage.

Ich weiß wirklich nicht, was sich hinter Fasnachtsmasken so verbirgt: die Lust am Wilden vielleicht, das Verlangen, wenigstens einmal aus der Haut fahren zu dürfen, oder der Wunsch, sich zu verstecken hinter dem, was anderen Furcht macht, und so ein wenig Macht zu spüren? Ich weiß es nicht und ich will es nicht bewerten. Aber ich weiß: Ich brauche meine Masken nicht wirklich.

Gott sieht mich, wie ich bin, sieht die Narben und Wunden hinter der Maske, sieht meine Träume und meine Sehnsucht, sieht meine Grenzen und meine Möglichkeiten. Er sieht ... und stellt mich nicht bloß. Er hat gute Augen, einen liebevollen, zärtlichen Blick.

Und sieht Gott mich an, dann bin ich im wahrsten Sinne: gut angesehen. Und muss meine Masken auch vor anderen nicht tragen. Kann offen sein, ohne Maske, Helm und Visier. Ob er im Fasnachtsgetriebe mitlacht über Masken und Kostüme, das – wie gesagt – weiß ich nicht. Aber ich weiß: Er lächelt uns an. Auch in den anderen vier Jahreszeiten.

Mein Gott, hilf mir, meine Masken abzulegen – du ermutigst mich dazu. Vor dir muss ich mich nicht verstellen, darum will ich wahrhaftig leben, zu mir stehen, ohne Furcht. Das fordert mich ganz schön heraus, aber dann spüre ich mich auch. Amen

Kleider machen Leute

Kleider machen Leute ... das wissen wir ja. Bruce Darnell und Dieter Bohlen im TV lispeln immer mal wieder ein etwas klägliches Lied davon, »Germany's New Topmodel« stimmt ein, und die und der aus Showbiz und Politik führen es vor (Nadelstreifen, Sie verstehen!) – und dabei wechselt so mancher ja die Engagements und Koalitionsaussagen wie Kleider. Aber: Wahr ist es doch.

Wer sich ordentlich zu kleiden weiß, der stellt auch etwas dar. Und was uns wert und wichtig ist – Feste, Freude, Feiertage –, das drücken wir auch aus, indem wir uns festlich und edel ausstatten und anziehen. Kleider machen Leute.

Und wie war das damals bei Jesus? Sein Anzug war wohl nichts Besonderes, eher ein Armeleute-Outfit, aber sein Einzug muss sehr beeindruckend gewesen sein: Jesu Einzug in Jerusalem. Da waren die Straßen voll Menschen in Jubel, Trubel, Glaubensheiterkeit; die begeisterten Leute zogen ihre Mäntel und Kleider aus und breiteten sie auf den Boden (das war die antike Form des roten Teppichs). Jesus wurde beklatscht und besungen; hätte es damals schon Fotoapparate und Merchandising gegeben, wäre das ein Tag für Paparazzi und Autogrammjäger geworden. Da sehen Sie's, in der Bibel sogar: Auch wenn sie damals bloß auf der Straße im Staub lagen: Kleider machen Leute. Damals machten sie einen Messias, einen Retter und Erlöser, auf den die Menschen warteten, auf den sie ihre persönlichen und politischen Hoffnungen setzten und den sie in Jesus zu erkennen glaubten.

Wenn Sie in dieser Karwoche die Geschichte vom Leiden und Sterben Jesu, die Passionsgeschichte, hören oder lesen, dann achten Sie mal auf die Textilien! Wenn Kleider Leute machen, dann ist an den Kleidern auch abzulesen, was die Leute tun, was ihnen passiert, oder genauer: zustößt.

Erst sieht ja alles ganz gut aus, ganz feierlich: zuerst der Kleiderteppich, über den Jesus reitet, dann das Passahmahl mit den Jüngern. Da werden sie sich was Ordentliches, was Angemessenes über die Schulter geworfen haben. Aber dann fliegen die (Kleider-)Fetzen: Im Garten Gethsemane hüllen sich drei der Jünger noch traulich in die Mäntel, um's warm zu haben beim Nickerchen, während Jesus bittere Tränen in Schal und Ärmel weint. Da kommen die Häscher samt Judas und Kuss, Jesus wird verhaftet, und ein unbekannter Jüngling, ein namenloser Sympathisant, heißt es, flieht »nackt davon«. Nackt und bloß vor dem Grauen, das jetzt kommt – es wird durchaus sinnbildlich gemeint sein, denn nun hat Jesus nichts mehr, keinen Mantel, kein Kleid, keinen Überwurf, die ihm Schutz bieten könnten.

Er wird den prächtig gewandeten Priestern vorgeführt, dann dem schillernden Herodes in Purpur und Pailletten, dem soldatisch gerüsteten Pilatus schließlich, der ihn den Folterknechten übergibt. Die peitschen ihm das letzte Hemd in Fetzen und ziehen ihm, Gipfel des Hohns!, einen Purpurmantel über, um ihn als Narrenkönig, als Witzgestalt zu verspotten. Der Spottmantel wird nicht zerrissen, den losen die Schächer unter sich aus, aber eine Menge anderer Stoff wird zerfetzt: das Feierkleid des Hohenpriesters, der sich empört zeigt, und (nur ein paar Meter vom Hohenpriesterhaus entfernt) der Vorhang im Tempel, dieser Schleier, dieser Mantel vor Gottes Angesicht.

Aha! Kleider machen Leute, Kleider zeigen, was Leute für Leute sind, was sie sein möchten, was geschieht mit ihnen und wie sie sich verstanden wissen wollen, und … Kleider machen einen Gott, zeigen, was Gott für ein Gott ist, wie er geglaubt, wie er begriffen sein will.

Als ein Gott nämlich, der Menschenkleider trägt, der sich, wie Paulus einmal sagt: »seiner Göttlichkeit entkleidet«, um mit den Menschen zu leiden, ihren Weg zu gehen, bis in den Tod. Darum trägt er ein härenes Gewand, darum lässt er sich die Kleider vom Leib reißen, darum schleppt er sich ans Kreuz fast nackt, darum wickeln sie ihn in Grabtücher, den bloßen, zerschundenen Leichnam. Darum – weil er das Menschenschicksal teilt, und damit jeder Mensch weiß, dass er in seinen Fetzen nicht alleine steht, in seiner Nacktheit nicht ohne Freund bleibt.

Das Grabtuch aber, diese herzzerreißend traurige Textilie, die ist nicht das Letzte, was es von Jesus zu sehen gibt. An Ostern steht er im Garten im weißen

Gewand, im Kleid des Siegers über den Tod, im Licht-
kleid, vor dem die Schatten fliehen. Da zeigt er sich im
Kleid des Gottes, der Hoffnung macht, Hoffnung gegen
das Kleiderzerreißen, gegen die Todesnacktheit, gegen
die Mäntel aus Schmerz.

Kleider machen Leute! Gehen Sie ein wenig mit, in
dieser Karwoche, und Sie werden das eine oder andere
gute Stück finden, auch für sich selbst!

*Gott, bis in die Kleiderordnung bist du uns gleich gewor-
den. Gott: ein Mensch unter Menschen. Danke, dass
du uns so unbedingt nahe bist, dass du unsere Wege
gehst, damit wir auf deinen Weg finden. Amen*

Gut Holz!

Gut Holz – rufe ich einem zu, dessen Leidenschaft das Kegeln ist, auf dass er Erfolg, Spaß zumindest, habe.

Mit der Leidenschaft ist das so eine Sache. Menschen sind gerne leidenschaftlich: Der Kicker braucht den Kick, der Jäger die Jagd, das Model Mode, der Günstling Gunst, der Liebende die Liebe und der Suchende die Sucht. Sie merken es schon: Leidenschaft hat auch eine andere Seite, die kostet was. Wer sich in der Sucht verliert, bezahlt das – oft genug mit dem Leben; wer leidenschaftlich gerne hilft, der gibt Zeit dran und Arbeitskraft; und wer leidenschaftlich liebt, riskiert, verletzt zu werden.

Menschen brauchen Leidenschaft, damit das Leben nicht fade und hohl ist ..., aber manchmal ist es das. Menschen verlieren sich in Leidenschaft und zahlen drauf ..., zu teuer bisweilen. Lust und Leiden, sie liegen nah beisammen.

Gut Holz – es ist noch einer, der leidenschaftlich liebt, der die Menschen liebt: Gott. Er hat sie geschaffen, damit sie Leben haben in seiner ganzen Fülle, sagt Jesus einmal, nicht fad, sondern würzig, nicht hohl, sondern reich und angefüllt mit Glück, mit Lachen, mit Liebe. Gott will, dass wir leidenschaftlich leben, hingegeben an die Schönheit der Mitwelt, an die Würde der Mitmenschen, an die Liebe zueinander und zu uns selbst. Das will er so, und sieht, mit seinem leidenschaftlichen Blick auf seine Schöpfung, dass der Anteil Leid am Leben oft, viel zu oft, größer ist als der Anteil Lust. Dass uns die Puste ausgehen, dass das Leben uns überfordern oder zu Tode langweilen kann, dass die Lasten zu schwer und der Trost zu leicht sein können. Da brauchen wir einen, der uns leidenschaftlich nahe ist, der mitträgt, versteht und verändert.

Gut Holz – darum feiern wir die Passionszeit. Das Holz des Kreuzes zeigt, dass Gott so leidenschaftlich liebt, dass er sich die Leidenschaft etwas kosten lässt. Blut und Tränen kostet sie ihn und am Ende das Leben.

Gut Holz? Zuerst nicht. Gottes Leidenschaft wird zur Passion, zur Leidenszeit, weil er sich hineinbegibt in das, was uns Leiden macht. Spaß (wie dem Kegler) hat das nicht gemacht – und Erfolg hatte er auf den ersten Blick auch nicht. Am Ende der Karwoche, nach Abendmahl, Klagegebet und Gefangenschaft, nach Folter und Tod kommt er ins Grab, das war's. Auf den ersten Blick. Der zweite kommt von Ostern her, der wirft ein anderes Licht auf Gottes Leidenschaft, Gottes Passion. Die bringt ihn zu Tode, die macht aber, dass unser Leiden, unser Suchen, unser Leben nie mehr gottlos ist. Er ist dabei, sagt das Holz auf Golgatha, er ist dabei bis zum Tod – und darüber hinaus. Gut Holz!

Ich halte mich fest, Gott, an diesem rauen Holz, mit dem du der Welt deine Liebe gezeigt hast. Du liebst leidenschaftlich – und ich gehöre zu dir. Amen

Auf den zweiten Blick

»Und sie wendet sich um und sieht Jesus stehen und
weiß nicht, dass es Jesus ist.« Da hat die Geschichte mit
der Auferstehung gerade mal angefangen – und scheint
schon wieder zu Ende zu sein. Sie erkennt ihn nicht. Maria von Magdala, der doch eine besondere Nähe zu Jesus
nachgesagt wird, die jedenfalls treu geblieben ist bis un-
ters Kreuz, Maria Magdalena hat keine Augen im Kopf
für den, dem sie doch den letzten Liebesdienst erweisen
will, als sie mit Salben und Tüchern zum Grab kommt.
So erzählt Johannes es in seinem Evangelium; bei Markus ist es noch drastischer: Maria von Magdala, Maria,
die Mutter Jesu, und Salome »flohen von dem Grab;
denn Zittern und Entsetzen hatte sie ergriffen. Und sie
sagten niemandem etwas, denn sie fürchteten sich.«

Ist es das also, was zur Auferstehung, zum Osterfei-
ertag zu sagen ist: Nicht-Erkennen, Flucht und Furcht,
Zittern und Schweigen? Das sind doch Worte, die zu
Ostern, zu Frühling, Blütenduft und Lebenslust im
Garten nicht passen wollen. »Sie sagten niemandem
etwas« – war denn die Gotteserfahrung am leeren
Grab so entsetzlich, dass es besser war, zu schweigen,
stumm zu bleiben darüber?

Ich weiß nicht, wie Maria Magdalena und ihre Ge-
fährtinnen sich tatsächlich fühlten an diesem Morgen,
aber das Entsetzen, von dem Markus erzählt, das ist mir
vertraut. Dass uns ein Zittern ankommt, dass wir die

Flucht ergreifen möchten, dass wir mit zittrigen Knien verzagt in die Zukunft schauen und ein Leid uns verstummen lässt, das alles kennen wir; da haben wir, wie die Frauen am Grab, unsere eigenen Geschichten, und wir erzählen sie nur leise und mit bebender Stimme. Auch sieht es in unserer Welt nicht eben nach Auferstehung aus; die Menschen gehen miteinander um, als hätte es Ostern nicht gegeben. Leere und Schweigen – das soll Ostern sein?

Nein, aber Ostern soll, meint der menschliche Gott, eine menschliche Erfahrung sein. Keine theologische Annahme, kein Dogma, kein Triumphgesang und kein süßlich duftendes Frühlingsgefühl. Wenn die Auferstehung, wenn Ostern uns wirklich etwas bedeuten sollen, dann muss die Ostererzählung eine menschliche Geschichte sein. Und wenn ich Maria, Maria und Salome, wenn ich deren Zittern und Zagen vor Augen habe und nachfühle, wie es um mein Fracksausen und Herzflattern steht, dann erkenne ich die Geschichte von Jesu Auferstehung auch als menschliche Geschichte. So wie denen damals, so geht's mir auch, oft genug und zum Verzweifeln. Ostern erzählt von Furcht und Flucht, weil Gott nicht einfach wegwischt, was uns bedrängt und in die Flucht schlägt.

Nein, gerade dahinein geschieht Auferstehung; wenn ich vor Angst bebe und mir schwarz vor Augen wird, genau dann bricht Leben auf; genau dann ist Gott nicht weit fort und außerhalb jeder Erfahrung, sondern mittendrin, ganz da, lebendig.

»Sie weiß nicht, dass es Jesus ist!« Auch diese Erfahrung teilen wir mit Maria von Magdala. Gott ist
so schwer zu erkennen. Aber gegenwärtig ist er doch,
auch wenn ich ihn nicht sehe, wenn ich um ihn nicht
weiß. Es fällt schon schwer, zu glauben, dass Gott
wirkt, wenn ich persönlich und weltweit nichts davon
sehe – aber ich will diese Erfahrung Maria Magdalenas
als Versprechen verstehen: »Ich wirke, ich verändere,
ich zünde Lichter an und versöhne, ich wecke Tote auf
und vertreibe die Angst – auch wenn du mich nicht
erkennst.«

Beim Nicht-Erkennen, beim Entsetzen bleibt es
nicht, die drei Frauen begegnen dem Auferstandenen
und sehen – auf den zweiten Blick –, wie er lebt und
der Welt eine Perspektive gibt. Schau ich genau hin,
dann sehe ich das auch, dann mache ich Erfahrungen
von Auferstehung, menschliche, unscheinbare, aber
überzeugende: wo sich Streitende die Hand reichen,
wo ein Mensch getrost den letzten Weg geht, wo Liebende sich in die Arme schließen. Erfahrungen der
Auferstehungen – menschliche! Weil Gott uns Menschen im Blick hat und uns hineinnimmt. Spürbar
dann doch – ich schau noch mal genauer hin!

*Auch wenn ich nichts fühle, wenn ich nicht begreife,
mein Gott, du wirkst, du heilst, du bewahrst. Selbst der
Tod trennt mich nicht von dir. Darum, mein Gott, lass
– wie bei den Frauen am Grab – auf die Trauer und
Verzweiflung Osterfreude folgen! Amen*

Lachen!

»Komm, lieber Mai, und lache ...« Ach ja, ich weiß: Da ist was falsch. »Mache« muss es heißen, »mache«, und nicht: »lache«. Aber so habe ich es immer gesungen, schon als ich klein war, und so habe ich es immer im Ohr, wenn der Frühling kommt und der Mai.

Aber natürlich ist das falsch. Ganz und gar falsch, meinen manche, und manche frommen Christen nicht zuletzt. Denn da gibt es nichts zu lachen. Schön, die Sonne scheint und die Tulpen duften ganz nett, die Apfelbäume tragen ihre unvermeidlichen Blüten und Mann und Weib hegen Frühlingsgefühle. Ja, ja ... Aber zu lachen gibt es doch nichts: Klimawandel ist angesagt, es wird ein heißes Tänzchen; im Nahen Osten wird gebombt und wir fürchten den Terror auch hier; täglich sterben Tier- und Pflanzenarten aus und selbst der Maikäfer ist mal wieder eine Plage geworden. Nichts zu lachen, dazu ist das Leben auch zu ernst und zu kurz, kümmere dich lieber um dein Seelenheil – oder tu was, damit die Welt noch eine Chance hat! Statt zu lachen!

Unrecht hat der fromme Miesepeter ganz gewiss nicht, aber mit Bierernst und Sauertöpfigkeit ist noch keine Seele geheilt und noch keine Welt gerettet worden. Jesus hat das anders gemacht: »Seht die Lilien, seht die Vögel, seht doch an, was herrlich ist und wie es von Gott umsorgt wird!« Und wenn er die Blüten

im Blick und das Gezwitscher im Ohr hatte, da hat er
gewiss gelacht. Denn wer lacht, schätzt sich glücklich,
weiß sich beschenkt. Und gibt dem Beklagenswerten
und Ernsten seinen rechten Stellenwert. Es ist da, es ist
zu beachten, aber es ist nicht größer als Gottes Herr-
lichkeit, als all die Pracht, die er schenkt.

Die sich im Frühling auftut, dass es eine Freude ist
und lachen macht. »Komm, lieber Mai, und lache ...«

*Mit allen Sinnen, mit allen Sinnen will ich erfahren, wie
bunt und reich du deine Welt gemacht hast. Ich weiß,
es gibt auch Schatten und Wolken, heute aber, heute
will ich auf die Sonne sehen, will ich Düfte riechen und
mich beeindrucken lassen. Amen*

Geistesgegenwart

Restlos begeistert! Manchmal bin ich restlos begeistert. Wenn Menschen für Menschen da sind und sich einsetzen, persönlich und liebevoll, auch wenn es etwas kostet; wenn ein Buch, ein Gedicht mich anrührt, ein Bild mich beeindruckt, wenn sich eine Melodie in mein Herz einsingt, wenn das Farbenspiel der Schöpfung mich hineinnimmt in seinen bunten Tanz.

Entgeistert! Völlig entgeistert – das gibt es auch. Wenn ich sprachlos und ratlos stehe vor der Unmenschlichkeit der Menschen; wenn ich von großem Unglück höre, von sinnloser Zerstörungswut und Quälerei; wenn der Ungeist sich breit macht, lieblos und gleichgültig.

Zwischen Begeisterung und Ungeist leben wir Menschen, mal näher am Lachen, mal näher beim Schmerz. Leben gelingt, wenn ich im einen getröstet bin und das andere auskosten kann.

Leben gelingt – das ist leichter gesagt als bewerkstelligt! Die Geistlosigkeiten unserer Zeit und der menschlichen Schicksale darin können durchaus lähmen; und mancher gibt lieber den Geist auf, verzweifelt und perspektivlos. Dahinein, in die Geistlosigkeit hinein, hat Jesus gesprochen, damit wir dem Ungeist nicht verfallen müssen: »Der Tröster, der Heilige Geist, der wird euch an das erinnern, was ich euch gesagt habe: Den Frieden lasse ich euch, meinen Frieden gebe ich euch.« (Johannesevangelium, 14. Kapitel).

Tiefer Trost, Frieden und Trost, die tiefer greifen als jede Verzweiflung; große Begeisterung, die weiter führt als Kick und Event, die sind zugesagt, die tragen wir im Herzen. Daran erinnert das Pfingstfest. Einmal im Jahr wird laut gesagt und gefeiert, was für alle Tage gilt.

Kommt nur darauf an, dem Trost und dem Frieden, der Begeisterung Raum zu geben, sie gelten zu lassen, also: geistesgegenwärtig zu leben. Das macht gelassen und reich – und das ist es schließlich, was unsere Zeit braucht: geistesgegenwärtige Leute. Die lassen den Ungeist verblassen, sodass er sich auflösen muss wie ein grimmiges, am Ende aber lächerliches Gespenst.

Gott, sei mir gegenwärtig mit deinem Geist, damit ich geistesgegenwärtig lebe. Damit ich die Gespenster unserer Tage sehe, aber mich nicht ängstigen lasse, sondern hoffe und Hand anlege, wo es nötig ist – in der Kraft deines Geistes. Amen

Drei Ecken, oder: Trinitatis

Mein Gott, der hat drei Ecken, drei Ecken hat mein Gott. Und hätt' er nicht drei Ecken, dann wär's auch nicht mein Gott! – Entschuldigung, das ging so mit mir durch. Eigentlich ist sie ja nicht zum Scherzen, die hochtheologische Lehre von der Heiligen Dreifaltigkeit.

Die Kirchen begehen heute den Sonntag »Trinitatis« – Dreifaltigkeit, da sie der dreifachen Offenbarung Gottes gedenken: Vater, Sohn und Heiliger Geist. Das wohlbekannte Symbol in der kirchlichen Kunst ist das Dreieck, mit einem allwissenden Auge mittendrin. Drei Ecken eben! Nicht zum Scherzen ist diese Vorstellung, eher zum Ver-Scherzen. Denn die theologisch-philosophischen Entscheidungen der christlichen Antike, die zur Lehre von der Trinität Gottes geführt haben, sind schon für den frommen Fachmann starker Tobak und den Heutigen recht schwer zu vermitteln. Mit so viel komplizierter Klügelei treibe ich die Leute vielleicht eher aus der Kirche raus, als dass ich für den Gottesglauben werbe.

Schade, eigentlich – denn was er will, der Glaube an den dreieinigen Gott, das ist viel lebendiger, als der bloße Gedanke vermuten lässt. Nicht um Lehre und Dogma geht es, sondern um Erfahrung:

Ich erfahre Gott als den, der mich ins Leben gerufen hat, und der lacht und singt und mit Farben spielt in der Schöpfung, deren Teil ich bin – der Vater und

Schöpfer. Ich erfahre Gott als den, der meine Straße geht, dem Lust und Last, Größe und Grenze meiner Menschlichkeit wohlvertraut sind – der Sohn und Menschenbruder. Ich erfahre Gott als den, der mir im Herzen wohnt, als das tiefe Wissen, dass ich geborgen bin, als der tiefe Frieden, der mir die Angst nimmt – heiliger, tröstlicher Geist. All diese Erfahrungen sind möglich, weil Gott sich seinen Menschen zuwendet, persönlich, liebevoll. Das ist der Kern der Dreifaltigkeit – Gottes Liebe. Eine Liebe, die aneckt durchaus, an der ich mich stoßen kann, weil sie mich nicht so selbstbezogen und eingemauert bleiben lässt, wie ich bisweilen bin. Gott hat sich ja auch nicht vornehm zurückgezogen.

Mein Gott, der hat drei Ecken – drei Ecken Liebe.

Mein Gott, mein Schöpfer, mein Freund, mein Trost – ganz umfassend liebst du mich, großer, weiter Gott, der doch näher ist, als ich es je begreife. Aber immer so nahe, wie ich es brauche. Ich verstehe das nicht, aber ich lebe damit; gelassen und getrost. Amen

Ach, du liebe Zeit!

Menschenskind, nun ist schon wieder mehr als das halbe Jahr vorbei. Der Sommer macht's auch nicht mehr lang, ich rieche schon den Herbst. Vorgestern lag noch Schnee im Garten, gestern blühte der Apfelbaum und heute schwitze ich beim Rasenmähen (was ich nicht sonderlich mag). Kinder, wie die Zeit vergeht!

Rasend schnell: »Eins, zwei, drei im Sauseschritt, so eilt die Zeit, wir eilen mit«, wusste Wilhelm Busch schon, der Altmeister des pausbäckigen Humors.

Dabei ist die Sache mit der Zeit in der Regel alles andere als lustig. So schnell – viel zu schnell, verwirrend – kann sie vergehen, dass es mir den Atem nimmt. Sie »eilt im Sauseschritt«, und ich staune und frage mich, wo meine Tage und Jahre wohl geblieben sind. Oder – das ist die andere, genauso schmerzliche Erfahrung – sie schleppt sich dahin im Schneckentempo, klebt mir an den Sohlen, und ich komme kaum voran; was weh tut, vergeht nicht, Langeweile macht sich breit und lähmt das Herz und die Hände. Dann brennt der Lebensmut auf Sparflamme.

Es ist ein seltsames Ding, eine zwiespältige Erfahrung mit der Zeit. Mal eilt, mal schleicht sie, mal reißt sie mich fort, mal lässt sie mich links liegen.

Und ich kriege sie nicht in den Griff – »Zeitmanagement« macht das alles bloß ein bisschen erträglicher.

In den Griff bekomme ich sie nicht – aber Gott hat sie in Händen. »Meine Zeit steht in deinen Händen«, singt König David im 31. Psalm (ich stell' ihn mir dabei alt und zeit-erfahren vor). Meine Zeit ist also immer: Gotteszeit. Vergangenheit, Gegenwart und Zukunft sind umfangen von Gott. Darum ist tatsächlich jede Zeit »liebe Zeit«, von Liebe umfangene Sekunden, Minuten, Stunden, Tage.

Mich beruhigt das sehr, heißt es doch: Ich muss nicht mithetzen, denn ich werde schon nichts verpassen, was wirklich wichtig und bedeutsam ist. Und ich brauche mich von der Zeit nicht lähmen zu lassen, denn – auch wenn es düstere und träge Tage gibt – in aller Zeit liegt ein Sinn, den ich nur entdecken muss. Bloß neugierig genug muss ich sein.

Mal sehen, was diese Zeit, heute, birgt. Und ob sie nun dahineilt oder gemächlich geht, da ist etwas verborgen, da liegt etwas bereit für mich. Und für Sie. Na, da sind wir mal gespannt! Und werden noch staunen: »Ach, du liebe Zeit!«

Hilf mir, das Verborgene zu entdecken, du Gott der Zeiten, im Laufe meiner Zeit. All das, was du hineinlegst an Güte, an Glück, an Lebenssinn und Lebenslust. Dann wird aus Stunden und Tagen, dann wird aus Alltag erfüllte Zeit. Amen

Ferien mit Gott

Und Ferien! Endlich Ferien! Sie glauben nicht, wie ich es genieße ... Oder: Wahrscheinlich glauben Sie es doch, weil's Ihnen genauso geht: Endlich mal ein bisschen Zeit zum Durchatmen, vielleicht ein halbes Stündchen später aufstehen, abends noch einen gemächlichen Spaziergang und nun endlich das Buch lesen, das schon monatelang auf dem Nachttisch liegt und mich schon ganz beleidigt anschaut. Ach ja!

Und »Weh und Ach« für die, die keine Ferien haben. Es gibt ja wahrhaftig viele davon. Wer im Berufsleben steht, hat allenfalls Urlaub, einen Sommer lang Ferien – iss nich! (Übrigens auch bei Pfarrers nicht.) Ist nicht drin, weil es der Arbeitsvertrag nicht vorsieht oder das Gehalt nicht erlaubt. Und manche sind unabkömmlich, weil sie den kranken Vater pflegen, weil sie sich im Krankenhaus um Patienten kümmern, weil die Wirtschaft doch laufen und der Müll doch entsorgt werden muss, ob Schwimmbadwetter ist oder nicht. Aber auch die brauchen freie Zeit, Frei-Zeit, um auszuruhen, Rast zu machen, neue Kräfte zu sammeln.

Das steht uns zu, jedem Menschen – da haben wir schließlich ein Gebot und ein göttliches Vorbild! Und das scheint so bedeutsam zu sein, dass die Bibel gleich auf ihren ersten Seiten davon erzählt. Als Gott die Erde schuf, und alles Gewimmel und Gemenschele darin, in sechs Tagen – ich schätze, da musste er ganz schön

ranklotzen und konnte sich kaum eine Atempause gön-
nen – da schloss er sein Werk ab ... mit einem Ruhetag.
»Und Gott segnete den siebenten Tag und heiligte ihn,
weil er an ihm ruhte von allen seinen Werken«, heißt
es im 1. Mose, dem alten Buch Genesis.

Seither gilt das Gebot: Ruhe halten, Rast machen. Es
muss nicht immer der siebte Tag sein, manchmal kann
es auch die siebte Stunde sein oder der Augenblick, den
ich mir gönne, um innezuhalten und mir die Schönheit
vor Augen zu führen, die mich umgibt und die ich in
mir habe. Wichtig ist: Ruhe braucht es. Und Ruhe ist
nicht nur geboten, sie steht uns auch zu Gebote. Wir
haben ein Anrecht darauf. Sagen Sie's ruhig allen, die
Ihnen im Alltagsgetümmel mit Wünschen und Erwar-
tungen, mit Lärm und Lasten Unruhe schaffen: »He,
ruhig mal, ich hab ein Recht drauf!« Und sagen Sie's
Gott. Denn betend (auch Schweigen ist Gebet!) kehren
Sie in seine Ruhe ein, wird die Seele ruhig. Und wenn
Sie innerlich durchatmen können, dann ist auch genug
Puste da für Alltag und Werktag.

Schöne Ferien – bei Gott! Und sonst auch!

Mein Gott, dann gönne ich mir jetzt eine Pause. Ich
lege aus der Hand, was mich so sehr beschäftigt, ich
verbanne aus dem Herzen, was mich so sehr bedrängt.
Ich kehre in deine Ruhe ein – umhülle mich still, damit
ich wirklich Ruhe finde. Amen

Vorräte sammeln

Jetzt herbstelt es schon wieder mächtig und der Oktober schickt sich an, ein goldener zu werden. Jedenfalls heute, da ich diese Zeilen schreibe, ist es nachsommerlich warm, die Blätter entdecken, dass sie Farben haben, und beginnen sich ins Zeug zu legen, und ganz gelinde duftet es nach Frucht und Reife und ein Hauch von Nebel weht darin. Den Herbst liebe ich sehr; er lässt so schön viel Raum für Melancholie. Kein Wunder, dass er zu den meistbesungenen Jahreszeiten unserer Dichter gehört. Sie erinnern sich bestimmt: »Herr, es ist Zeit, der Sommer war sehr groß ...« (Rainer Maria Rilke), oder: »Vom Baum des Lebens fällt / Mir Blatt um Blatt« (Hermann Hesse).

Im Herbst denk ich immer wieder an das wohlbekannte Kinderbuch von Leo Leonni, das natürlich auch in unserem Haushalt nicht gefehlt hat: das von »Frederick«, der kleinen Maus. Die immer ein wenig seltsam und den Mit-Mäusen nicht ganz geheuer war, weil sie statt Nüssen und Beeren gute Gedanken sammelte, Farben, Wärme und Sonnenstrahlen. Von denen wird man doch nicht satt, wenn die strengen Tage kommen! Aber im Winter hatte Frederick etwas zu erzählen, und die Farben, die er sich und anderen vor Augen malte, halfen durch die grauen Zeiten. Die schlaue Maus hatte sich Vorräte angelegt, die sie nicht kauen konnte, aber die sie im Herzen spürte.

Frederick – eine Kirchenmaus war sie wohl nicht, aber fromm ganz gewiss. Denn das können die Frommen: auf Farben und Geschichten lauschen, einen Vorrat anlegen von Hoffnung und Gelassenheit, der Verzweiflung, der Kälte etwas Wärme entgegenhalten und getrost sein darin, dass kein Winter bleibt.

Aber getroste Gelassenheit ist nicht nur den Mäusen und den Frommen vorbehalten. Sammler und Sammlerin von guten Aussichten und farbenfrohen Erinnerungen, das kann jeder und jede sein. »Die Himmel erzählen die Ehre Gottes und die Erde verkündet seiner Hände Werk«, singt der lebensweise David im 19. Psalm. Das heißt doch: Umschauen lohnt sich! Gerade jetzt, im reifen, reichen Herbst, gerade heute, wenn noch ein paar Sonnenstrahlen Gottes Lächeln auf die Erde malen, wenn die rot gefärbten Blätter von Schönheit erzählen und wenn der schon etwas kühlere Wind uns zuflüstert, dass wir geborgen sind in Gottes Hand. Horchen und schauen Sie, schließen Sie die Augen und fühlen Sie in den Tag, den Abend hinein – und Sie erspüren Gottes Zuwendung, die über viele Winter hilft.

Mein Gott, ich schließe die Augen, ich fange noch ein paar Sonnenstrahlen ein auf meiner Haut, ich höre und lausche, was du mir zuflüsterst. Dann gehe ich ruhig in die Nacht und die Kälte – du hörst nicht auf, mich zu wärmen. Amen

Ein weiter Horizont

»Ja, im Lebe net! Des mach ich im Lebe net!« ... sagte mein Vater gerne und gut Badisch, wenn ihm etwas zu viel wurde, wenn er etwas partout nicht tun wollte. Oder, seufzend, fast ärgerlich: »Des dauert doch ewig un' drei Tag!«, wenn eine Sache sich hinzog und er die Lust verlor. Er war ohnehin ein Mann der eher markigen Worte, lebensnah, zupackend, handgreiflich sozusagen. Wie ich jetzt darauf komme?

So: Dieser Tage feiern die evangelischen Kirchen den »Ewigkeitssonntag«, den letzten Sonntag im Kirchenjahr, bevor die Adventszeit beginnt. Den Sonntag, an dem im Gottesdienst der Verstorbenen gedacht wird und der den Blick auftut für einen weiten Horizont. Den Horizont eben, den wir immer etwas verlegen die »Ewigkeit« nennen. Verlegen, weil uns die Möglichkeiten fehlen, »Ewigkeit« zu begreifen, uns eine Welt vorzustellen, die ohne Zeit ist, ohne Anfang und Ende, ohne »Na, des fangt jo gut an!« und »Jetzt aber Schluss un' aus!« (Zitate von ... na, Sie wissen schon).

Die »Ewigkeit« gehört nicht zu unseren menschlichen Erfahrungen; darum hat sie mein Vater einfach um drei Tage verlängert, bis über-übermorgen, das war irgendwie greifbar. Zu unseren menschlichen Erfahrungen gehört viel eher ein verzweifeltes oder weises »Im Lebe net!«. Da gibt es eine Menge, was wir im Leben nicht vollenden, erreichen, schaffen werden, viel, was wir verpassen, was uns versagt bleibt; es gibt enttäuschte Hoffnungen, zerbrochene Träume, ungenutzte Möglichkeiten. »Des hat jetzt mol en' End hier!« (noch so ein Satz, und der war nie sehr freundlich gemeint) – ja, es hat ein Ende: mit mir, meiner Lebensgeschichte, mit allem, was mir wert und teuer ist, und mit denen, die ich liebe, auch. Das ist nicht freundlich, das ist bedrängend.

Oder: Das wäre es, wären wir nicht auf Ewigkeit hin angelegt: Der uns schuf, hat uns nicht nur für ein paar Jahre hier auf Erden gemeint, nicht nur für diese kurze Spanne Zeit, die auf Grabsteinen verzeichnet ist, mit einem Sternchen am Anfang und einem Kreuz am Schluss. Was Gott macht, hat Dauer – und der Tod ist nur Übergang, nur eine Brücke. Wir leben unter einem weiten Horizont, den wir nicht ermessen können und der doch unsere Heimat ist. Das macht mich gelassen, da hab ich guten Mut: Ich muss nicht alles hier und heute zustande bringen.

Für das, was mir »im Lebe net« gelingt, hab ich dann immer noch »ewig un' drei Tag« Zeit!

Weit, ganz weit machst du mein Leben, über Sarg und Grab hinaus hast du mich angelegt, mein lebendiger Gott. So kann ich aufatmen, die Arme ausbreiten und befreit leben, hier und jetzt. Amen

Im Nebel wandern

»Seltsam, im Nebel zu wandern! / Einsam ist jeder Busch und Stein, / Kein Baum sieht den anderen, / Jeder ist allein«, hat Hermann Hesse gedichtet, und es wird wohl November gewesen sein, als er es niederschrieb. Mehr als nur »seltsam« kann der Nebel sein: Feucht legt er sich auf die Atmung, die Haare werden nass, und leise kriecht er unter die Jacke, sodass ich bald zu frieren anfange. Und hebe ich den Blick, dann sehe ich bei ganz dichtem Nebel kaum die Hand vor Augen, leicht kann ich mich verirren, selbst auf vertrautem Terrain.

Trotzdem, ich gehe gern an nebligen Tagen – sie sind stiller irgendwie, die Laute lassen sich nur gedämpft hören, und alles kommt ein wenig langsamer voran.

Nebel gehört einfach dazu, im November nebelt's eben, in unserer Region zumal. Nebeltage sind übrigens eine gute Zeit zum Gedichte-Schreiben (da hat die Melancholie ihren Platz im Jahreskreis), zum Tagebuch-Führen oder Musik-Hören, zum Stille-Sein. »Jeder ist allein.« Was bei Hesses Hermann wie eine Drohung klingt, ein ganz unliebsamer Zustand, das kann ab und zu ganz gut tun. Es ist für Mensch und Seele eine Wohltat, von Zeit zu Zeit bei sich selbst zu sein, etwas abseits vom Lärm der Tage, vom grellen Licht, von der rasenden Geschwindigkeit der Zeit. Das hilft, sich auf sich selbst zu besinnen, sich noch einmal einzufangen, bevor ich mir ganz verloren gehe.

Und, na ja, was heißt schon »allein«. Das sind wir in Wahrheit ja gar nicht. Jedenfalls nicht: allein gelassen. Gott ist dabei. Nur zerrt und zippelt er nicht ständig an uns herum, nur kreischt er uns nicht dauernd ins Ohr und beleuchtet er uns nicht immer mit einem beißenden Neonlicht. Nein, wann immer wir es brauchen, lässt Gott uns in Ruhe. Anders gesagt: Gibt er uns die Ruhe, in die wir einkehren können, um bei uns selbst zu sein. Der Gott also, der so nebulös scheint manchmal, ist wie ein sanfter Nebel, der uns zart umschließt und der uns den Raum gibt, den wir brauchen. Wenn wir das mal brauchen, das Alleine-Sein.

Lassen Sie sich einladen!

»Seltsam, im Nebel zu wandern!« Aber beruhigend und hilfreich ist es auch.

Gott, umgib mich mit etwas Nebel, damit ich mich heute ein wenig abkehren kann von all dem Getöse, der Unruhe in mir und um mich herum. Ich will dich fühlen – und mich geborgen fühlen bei dir. Amen

Lieber keinen Nebel

Eigentlich immer, wenn ich in Freiburg bin (gelegentlich zu Besuch oder zum Shoppen), geh ich kurz mal in den »Migros«, den Ableger der edlen Schweizer Kaufhauskette – »wegge dem Schoggi, dem ›Schprinz‹ (köstlicher Käse) und dem Rivella (Kräuterlimonde für Kenner), odr?«. Da gibt's zwar nicht viel mehr als das, was bei uns so in den Regalen feilgeboten wird, aber irgendwie ist's halt alpenländisch, mit Schwiizerchrüz und La Gruyére. Ab und zu entdecke ich doch was Neues. Diesmal war ich überrascht, sehr überrascht!

Es existiert ja viel Seltsames zwischen Himmel und Erde: Aber beim Migros verkaufen sie: Tischnebler (14,99 €, als »Occasion!«). Ehrlich: Tischnebler. Die kannte ich vorher noch nicht; ich soll so einen wohl auf den Tisch stellen, mit Wasser auffüllen, den Stecker in die Dose – und schon steh ich im Nebel, und sogar ohne vor die Tür zu müssen, ohne zu frieren. Vielleicht ist das für die Lunge gut, so wie Inhalieren? Na ja, aber ... wer will denn schon im Nebel stehen? Es muss wohl Leute geben, denen das gefällt, sonst verkaufte sich der Nebler nicht so gut, dass der Migros ihn anpreisen könnte.

Ich gehöre jedenfalls nicht dazu. Ich mag Nebel nur beschränkt, nur bei bestimmten Gelegenheiten (Occasion!). Beim Autofahren nimmt er den Durchblick, die schöne Weitsicht bleibt mir verwehrt, wenn ich auf dem Gipfel stehe und im Tal unten nebelt's herum; außerdem friere ich leicht in der grauen Kälte. Nebel ... brrr. Was ich brauche – und Sie vielleicht auch –, ist Klarheit, ist Perspektive, ist ein weiter Horizont, und das gilt auch im übertragenen Sinn. Vernebelte Sinne, mein Lebensweg im schattigen Nieselnebel – da komme ich nicht weit, da verirre ich mich rasch.

Gott sieht das auch so: Nebel kommt in der Bibel nicht oft vor, nur vier Mal. Das mag am Klima Palästinas liegen, aber ich glaube, Gott hat den Nebel auch nicht wirklich gern. »Ein Nebel stieg auf von der Erde«, wird im Schöpfungsbericht im ersten Buch Mose erzählt, aber der lebt nicht lang. Ganz rasch lässt es Gott Licht werden ... und futsch ist die Suppe. Nebel ist kein Gottessymbol, die Sonne und ihre Strahlen, Licht und Glanz aber schon.

Dann weiß ich doch, wohin ich mich wenden kann, wenn ich das Gefühl habe, im Nebel herumzustolpern und die Orientierung zu verlieren. Einen Tischnebler brauch ich jedenfalls keinen, aber einen, der mir den Tag aufhellt, der mir die Sonne aufgehen lässt und mir den Silberstreif am Horizont zeigt, den brauch ich doch. Den hab ich auch.

Mein Gott, bitte lichte diesen Nebel, der mir auf der Seele lastet, schick mir ein paar Sonnenstrahlen, damit mir wieder warm wird. Ich brauche einen weiten Blick, damit ich hoffen kann. Amen

Werbung!

(Achtung, das Folgende ist ein Werbetext! Weiterlesen auf eigene Verantwortung!)

Also:

»Am Sonntag will mein Süßer mit mir segeln gehn, sofern die Winde wehn.« Ach, herrlich! Ich bin – ehrlich gesagt – noch nie gesegelt, aber das Gefühl kann ich mir gut vorstellen. Frei im Wind dahingleiten, über die Wogen wie im Flug, Sonnenschein und ein Sonnenbad auf dem Vorderdeck. Das hat was von »Über den Wolken ...« und »Born to be wild«. Herrlich!

Nun sind Segelyachten leider (vielleicht: noch) nicht bei Aldi oder im Baumarkt zu haben, im Bausatz, für Bastler und Do-it-Yourself-Genies – zu denen ich sowieso nicht gehöre. Ich werde mir das Segeln nicht leisten können, niemals. Sie auch nicht? Und was ist jetzt mit »Freiheit« und »Sofern die Winde wehn«?

Da hab ich einen Tipp für Sie!

(Wir wissen nicht, was uns der freundliche Theologe empfiehlt, wir empfehlen bei Freiheitssehnsucht:) Gottesdienst! Wie? Was? Ja!

Da wirkt ein Geist, der weht, wo er will (sagt Jesus einmal), ein Geist der Freiheit, den ich in den alltäglichen Sachzwängen und den gesellschaftlichen Gewohnheiten vergeblich suche; da wird der Horizont weit gemacht; mein Menschenschicksal, meine grundlegenden Fragen ans Leben, meine Sehnsucht, dass es gelingen möge und glücklich sei, werden zum Thema, damit ich die Fülle des Lebens fröhlich auskoste und seine Grenzen getrost ausloten kann. Da wird vertieft und erweitert, ernsthaft gefragt und lachend der Ausblick gewagt auf das, was nach dem Leben kommt, worauf ich mich schon mal freuen kann.

»Am Sonntag will mein Süßer mit mir beten gehn ... ja, das ist wunderschön!« Ach, herrlich – Gottes Geist, ein Geist, der Freiheit eröffnet. Über die Grenzen meiner Tage hinwegfliegen, ein Seelenbad nehmen im Gotteslicht. Und kostenlos noch dazu. Nix Aldi, nix Baumarkt, bloß Kirchgang.

(Achtung, der Werbetext ist hier beendet.)

Im Ernst: Es braucht Zeiten, da ich vom Üblichen und Wohlvertrauten, vom immer Gleichen und Bedrängenden Abstand gewinne und spüre, wie weit mein Leben angelegt ist. Zeiten zum Durchatmen, Feiern, Bedenken und Mich-bewegen-Lassen.

Versuchen Sie's mal, sonntags – in manchen Gegenden ist mit Segeln ja eh nicht so viel Staat zu machen.

Mein Gott, ich sehne mich nach Weite. Nun mach ich mich auch auf, sie zu suchen. Bewege mich, hilf mir zu spüren, dass mein Leben einen weiten Horizont hat. Amen

Stichwortregister

Bibelstellenregister